突围

新媒体运营

汉震中 著

机械工业出版社
CHINA MACHINE PRESS

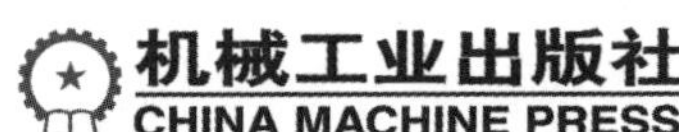

万物皆媒的时代帷幕已经开启。最先拥抱变化的永远是少数。企业如何才能开启新媒体时代的生存和创新之路？本书通过近乎囊括全局的新媒体传播策略介绍，以及能够真正落地的方法推荐，系统、完整地阐述了新媒体在实际应用中将要面临的问题和需要做出的选择，为占我国企业总数80%以上的中小企业，尤其是亟须转型升级的传统中小企业，提供开展新媒体运营所需的最新解读，帮助企业了解整体，把握细节。

图书在版编目（CIP）数据

突围新媒体运营/汉震中著．—北京：机械工业出版社，2017.9

ISBN 978-7-111-57750-8

Ⅰ.①突…　Ⅱ.①汉…　Ⅲ.①传播媒介－运营管理　Ⅳ.①G206.2

中国版本图书馆CIP数据核字（2017）第198987号

机械工业出版社（北京市西城区百万庄大街22号　邮政编码100037）

策划编辑：陈小慧　　责任编辑：陈小慧

责任校对：金梦媛　　封面设计：郝子逸

责任印制：夏淑媛

北京宝昌彩色印刷有限公司印刷

2017年9月第1版·第1次印刷

170mm×242mm·15.5印张·260千字

标准书号：ISBN 978-7-111-57750-8

定价：38.00元

凡购本书，如有缺页、倒页、脱页，由本社发行部调换

电话服务　　网络服务

社服务中心：(010)88361066　　教材网：http://www.cmpedu.com

销售一部：(010)68326294　　机工官网：http://www.cmpbook.com

销售二部：(010)88379649　　机工官博：http://weibo.com/cmp1952

读者购书热线：(010)88379203　　**封面无防伪标均为盗版**

前　言

此书特别献给初入新媒体传播领域1～3年的传统企业。

现在正在开启的新媒体时代是企业在之前30年来从未遇到过的。

随着时间的延伸，人工智能、云计算、大数据、移动通信，以及虚拟现实（VR）等技术的发展将驱动新媒体发生颠覆式变革。这种变革，将给予所有企业全新的发展机遇，同时也带来前所未有的挑战。

在移动互联网时代，企业看似全局在握的局面，随时都可能被同行打破，甚至颠覆企业的对手，并不是曾经的竞争者，而是来自跨界的“终结者”。不改变是等死，改变也可能是找死。

在社交媒体、直播等平台上，企业终于获得了属于自己的传播渠道和发声窗口。无须传统媒体和网络媒体，企业的观点和想法第一次可以直达用户。然而，新媒体的发展，也让企业又爱又恨。负面爆点此起彼伏，防不胜防。身处其间，时刻在体会着“一念天堂，一念地狱”。

在新媒体时代，每一家企业，都是一个自媒体。万物皆媒的时代帷幕已经开启。最先拥抱变化的永远是少数。

成功的企业早已经在新媒体时代找到了属于自己的道路。

企业将如何才能开启新媒体时代的生存和创新之路？本书将为目前占我国80%以上的中小型传统企业和身居二、三线城市的信息相对匮乏的企业，提供开展“新媒体＋”战略所需的最新行业发展解读，近乎囊括全局的新媒体传播策略介绍，以及能够真正落地的方法论与策略思路，帮助企业了解整体，把握细节。

做为一本对企业新媒体建设有价值的参考书，本书系统、完整地阐述了新媒体在实际应用中将要面临的问题和需要做出哪些选择。企业创始人或新媒体策划、运营从业者在阅读后，能够清楚地了解将要经历的艰难选择和必须坚持的理念，帮助企业快速理解和掌握新媒体传播战略和方法。

本书旨在为企业提供方向性的思路和参考，真正帮助企业收获新媒体发展红利，同时，也给身处一线的新媒体从业者一些运营参考。

在正确的方向上努力，才能够保证距离成功越来越近。

基于多年来在互联网行业的从业经验与研究所得，笔者曾深度对话多家不同规模和行业背景的企业创始人，十分了解企业主的新媒体传播需求。

本书聚焦国内企业新媒体建设现状及一些突破性尝试，将新媒体与企业的发展联系起来思考，旨在发掘企业与新媒体结合的新商业价值，进一步探索“企业新媒体 +”建设对企业自身发展和新媒体行业发展的影响。

对于希望在新媒体传播上获得突破的传统中小型企业，可以把本书当成新媒体建设的攻略来使用，完全可以采用拿来主义，合则应用。更进一步讲，若企业能结合自身情况，选择最适合的策略，就能够在一定程度上少给自己“挖坑”，少走弯路。需要注意的是，虽然掌握正确的方法等于成功一半，但具体事情还需企业自身在日常运营中完成。

本书源自笔者对“企业新媒体 +”场景的一次深度思考，最终用几个月的时间呈现出来。希望各位读者在阅读之后，能够有所收获，有所启发。非常欢迎后续有更多的交流和探讨！

汉震中

2017 年 8 月于北京

目 录

第一章

新媒体时代开启

○正在刷新的世界

○进击的新媒体

○新媒体对企业的影响

第一节　正在刷新的世界

数以百万计的企业正在面对一个全新的世界，却远远没有做好准备。

☞　原有生活状态被打破

我们所处的环境已经在不知不觉中发生了翻天覆地的改变，且这种改变越来越快：从报纸到广播，用了几百年；从广播到电视，用了几十年；从电视到互联网，用了几十年；从互联网到移动互联网，用了仅仅几年。这几年的改变比以往任何一个时期都多。人与人、人与社会之间的联系，都因互联网的介入而被改写。这是一个由技术创新驱动社会发展的时代，甚至是技术创新颠覆社会结构的时代。

手机、平板电脑、笔记本，还有各类移动 APP 早已占领我们的生活。地铁、火车、出租车、餐厅、家里的沙发……各种场景里出现的“低头族”已经成为最大的族群。随时随地可以登录的移动互联网，让我们可以在任何时间、任何地点了解想要了解的资讯，选择想要选择的服务，或进行网上购物、为自己喜欢的明星投票。移动互联网和智能手机的普遍应用，不仅改变了人们的生活方式，而且潜移默化地影响着人们的行为模式和思维方式。

☞ 新媒体兴起

原有的生活状态和社会结构，已经被互联网和新技术创新所打破，同时也带来了新媒体的发展和变革。

中国互联网络信息中心（CNNIC）2017 年 1 月 22 日发布的第 39 次《中国互联网络发展状况统计报告》显示，截至 2016 年 12 月，我国网民规模达 7.31 亿，其中，手机网民规模达 6.95 亿，占比达 95.1%；互联网普及率为 53.2%，较 2015 年年底提升 2.9 个百分点。中国网民规模已经相当于欧洲人口总量。

其实，新媒体是一个相对概念，可以理解为报刊、广播、电视等传统媒体之外，依托互联网和数字技术发展起来的新的媒体形态。新媒体所包含的不仅仅是微博、微信等社交媒体，还包括网络媒体、手机媒体、数字电视、户外新媒体等多种媒体形式。

从大屏到小屏，微博、微信、APP、直播、视频、游戏，越来越多的产品让用户停留在手机屏幕前的时间变得越来越长。报纸逐渐被新媒体所取代，街头报刊亭的盈利也渐渐不再依赖报刊的零售收入。

☞ 企业传播阵地转移

很多年前，我们打造一个品牌很简单，采用类似脑白金的做法就可以：占据电视核心时段，高强度、高频率地向人们重复传播，再通过经销商渠道将产品铺往各地，或者自建门店，产品就有了销路。

在今天，主流传统媒体虽然仍具有较强公信力，但运营数据逐年下滑，广告收入萎缩，影响力逐渐下降。新媒体由于具备介质丰富、表现形式多样、反应快、互动强等特点，上升势头明显。而新媒体信息庞杂而海量，可信度稍显不足。随着“90 后”“00 后”逐渐步入社会主流，新媒体平台和自媒体账号公信力相信会有显著改观，甚至在某些领域将超越很多传统媒体。

但不得不承认的是，一篇文案就能感动许多人一年的时代结束了。网友每天经受互联网、移动互联网各种平台的“洗礼”，重复接受大量的新闻、营销信息、广告的刺激，且企业的新营销手法层出不穷，不断挑战着用户的心理承受力。“90后”乃至“00后”年轻群体陆续步入社会，更高学历、更有知识的大量年轻群体的消费习惯和倾向正在逐渐成为主流，并影响着长辈的消费行为。

这些变化落在企业身上，则意味着企业的命运将被改变，也最终会影响行业的发展格局。一个品牌希望通过线下广告牌、电视、广播、报纸这些传统媒体进行单一传播就做到深入人心，这种想法越来越不切实际。

☞ 企业自传播成为可能

在传统媒体时代，企业是无法自己发声并进行传播的。而新媒体时代，企业的自传播已成为可能。

随着新媒体平台的快速发展，人们获取信息的渠道更加多样化，发表观点的门槛也大幅降低。而最大的变化是，新媒体对弱势群体和个体进行了前所未有的赋权，传播的力量被释放到每一个人。从事件的发生到少量用户的关注、转发，到关键意见领袖的观点表达，再到新的热点逐渐形成，以及最后的引爆，一个具有“爆点”元素的事件，在新媒体平台上很容易形成病毒式传播，最终成为大多数网友的热门话题。媒体行业的任何细微变化，都会对企业产生巨大影响：无论是营销战略，还是方法论和渠道，乃至广告投放的策略，都会随着媒体的变化而改变。随着传播话语权的扩散和去中心化，互联网、移动互联网，尤其是微博、微信等社会化媒体平台，对企业的影响越来越大。

现在看来，新媒体时代的到来对企业既是危局也是机遇，而不可否认的是，无论是“危”还是“机”，都极度加速了。当今，影响力仅次于国家政策的非新媒体莫属，负面信息的传播可以直接影响企业品牌和信誉，而且这样的影响是“立竿见影”和致命的。

☞ 新媒体改变了企业的生存环境

在互联网和移动互联网时代，人们浏览信息的入口正在从门户网站和搜索引擎，向微博、微信、APP 客户端迁移。对于碎片化时间的占领，移动端产品具有无可比拟的优势。

那么，企业应如何经营新媒体？要回答这个问题，还有很多疑问有待解决：企业新媒体从微博、微信开始，到哪里结束？用户、粉丝、阅读数、转发量，哪一个更重要？新媒体渠道的转化率不足，是因为新媒体不行，还是因为新媒体运营做得不好？类似这些问题，很少有企业真正弄清楚。

在传统媒体时代，企业接触客户的渠道较为单一，要么是电视、广播、杂志或报纸，要么就是电话、户外广告、活动、邮件。在这个时代，用户的任何声音，无论是满意的还是不满意的，其实都是发不出来的。企业产品在一个区域出现问题，并不会马上影响到整个市场。用户使用某个产品不满意，没有什么渠道可供表达。只要广告依然在说这款产品好，就还会有络绎不绝的用户为此而买单。这一时期，企业的营收与广告推广有着直接的关系。

如今，企业的生存环境与 10 年前，乃至 5 年前相比，已经有了根本的不同，主要体现在以下几点。

用户整体基数变大。超 8 亿用户量的微信、月活跃用户量近 3 亿的微博，沉淀了体量巨大的年轻活跃用户。市场已经转向移动互联网，许多企业却还在传统渠道徘徊。

获客成本大幅降低。一个公众号、一篇文章、一张图片、一段视频，都可能引爆传播，受到数以百万计用户的关注。企业不再需要投入大量的广告资金，信息就可以到达客户。可这些能够被降低的成本、全新的获客渠道，却被大多数传统企业忽视。

网红经济已站稳脚跟。在直播平台，网红的影响力和传播效应越来越大，在某些领域甚至超越了明星。一场直播卖出数百万乃至上千万价值产品已不足为奇。网红经济之下，新的玩法不断涌现，却少有企业参与进来。

地域格局大不同。不同城市的人们在互联网上的行为特点有所不同，这使得不同的移动互联网平台在各个城市的表现也呈现出鲜明的差异性。在北、上、广、深这样的一线城市，以及重庆、杭州、苏州、武汉、西安等二线城市，通过微信、微博来获得资讯的用户比例较高，刷朋友圈和微博成为常事。而在三、四线城市和一些小城镇，很多微信用户的好友其实极少，社交圈子也是极小的，这类用户刷朋友圈就很难获得足够的信息，因此，一点资讯、今日头条等内容分发平台在三、四线城市就更具优势。

☞ 竞争更加多元化

此前20年，千篇一律的营销策略或许能够保证企业兴旺发达，但未来20年，这样的策略将不再有效。在各新媒体平台，口碑的表现非常直观：一个糟糕的口碑对企业的打击将是致命的——来自新媒体的负面热点往往可以重创甚至摧毁一个品牌；而一个良好的口碑对企业的推动也是前所未有的强劲——一个具有创新性的产品，从诞生到爆发，它也许只需要半年时间。

在这些变化之下，企业的竞争对手已经不仅仅来自同行业，跨界竞争往往更具挑战和颠覆性。创新型企业通过互联网、移动互联网等渠道和工具重新构建商业模式，正在对越来越多的传统企业形成致命打击。一部分企业逐渐被淘汰，另外一些创新型企业则在转型中扩张。

企业完成“新媒体＋”的过程，也是一个凤凰涅槃的过程，经历互联网和新媒体洗礼后的传统企业，必将脱胎换骨，甚至创造一个新的行业或产业。

那么，传统企业如何才能出奇制胜，脱颖而出？关键在于了解新媒体，拥抱新媒体，顺势而为。

百科词条

新媒体

新媒体（New Media）是一个相对的概念，是继报刊、广播、电视等传统媒体之后发展起来的新的媒体形态，涵盖了所有数字化的媒体形式，包括网络媒体、手机媒体、数字电视等。

新媒体亦是一个宽泛的概念，是一种利用数字技术、网络技术，通过互联网、宽带局域网、无线通信网、卫星等渠道，以及电脑、手机、数字电视机等终端，向用户提供信息和服务的传播形态。因此，严格地说，新媒体应该被称为数字化新媒体。

自媒体

自媒体（We Media）又称“公民媒体”或“个人媒体”，是指私人化、平民化、普泛化、自主化的传播者，以现代化、电子化的手段，向不特定的大多数或者特定的单个人传递规范性及非规范性信息的新媒体的总称。自媒体平台包括博客、微博、微信、百度官方贴吧、论坛/BBS等网络社区。

美国新闻业研究所媒体中心2003年7月发布的由谢因波曼与克里斯威理斯联合撰写的研究报告《自媒体》是研究自媒体最有价值的文献之一，报告中对“自媒体”的定义是：“自媒体是普通大众经由数字科技强化、与全球知识体系相连之后，一种开始理解普通大众如何提供与分享他们自身的事实、新闻的途径。”这个定义放在今天，可以理解为：自媒体即公民用以发布自己亲眼所见、亲耳所闻事件的载体，如微博、微信、博客、论坛/BBS等网络社区。

第二节 进击的新媒体

新媒体是以现代信息技术为支撑，具有高度互动性和非线性传播特质的，能够传输多元复合信息的大众传播媒体。目前，很多应用已经成为网络媒体、社交媒体和手机媒体三者之间的交集，如QQ、微信、微博、人人网、优酷视频等。直播平台兼具媒体属性和社交属性，互动性更强，更受“90后”“00后”的喜爱。

据中国互联网络信息中心（CNNIC）发布的第39次《中国互联网络发展状况统计报告》，截至2016年12月，我国网络直播用户规模达到3.25亿人，占网民总体的45.8%。2016年，我国在线直播平台数量接近200多家，网络直播的市场规模约90亿元。

多终端显示、多技术支撑、人手一台的智能手机，以及4G和WIFI技术的普及，在很大程度上打破了原来较高的媒体准入门槛，使得个人的传播能力变得更强。用户生成内容（Users Generate Content，UGC）这一新形式的产生，体现出新媒体时代的一大改变——受众赋权和能动性的提高。速度快、范围广、影响深的病毒式传播成为新媒体的典型应用模式，去中心化、个性化、共享性、社会性、娱乐化、碎片化和隐私范围的弱化则是其主要特征。

新媒体带来了海量受众，更对用户的碎片化时间进行了深度发掘。那些在等车、乘地铁、坐公交、旅行途中，甚至做饭等场景下的“闲暇”时间，被移动端媒体纷纷占领。“低头族”在生活里随处可见。一群好友的聚会上，桌上的美酒、美食少有人下箸，不离手的反而是手机。

☞ 新媒体对用户的价值

在这个新媒体时代，微信和微博成为人们获取一般信息的主要来源。只有需要深度阅读时，人们才会访问门户网站、行业网站和主流媒体网站。而随着用户的注意力和时间被新媒体占据，准确判断用户价值变得越来越难。面对电视机前的观众和苹果手机的 APP 用户，企业和广告主很难界定哪个平台更值得支付广告费。

新媒体不仅是一个传播信息的平台，也是交流的渠道、互动的工具。任何时间、任何地点，我们都可以经营自己的“媒体”。文字、视频从制作到发布，从传播到引爆，反应迅速，回馈高效。通过微信朋友圈、微博，用户真正实现了随时随地发表感想。在突发事件中，人们往往是通过手机在第一时间获取最新信息的。

新媒体也是一个开放的体系。人人皆可为传播者，决定了新媒体传播信息的多样性与海量性。信息节点中的每个人都能深度参与到信息的传播过程，决定了新媒体的传播是一种高度整合的社会性传播。这一模式下，主观意念被融入信息之中。而面对海量的信息，一些用户难以分辨优劣，被误导的概率也大大增加，而具备专业背景和判断力的人则成为关键意见领袖，承担了公众媒体的部分角色。

“受众”与“读者”是传统媒体时代的产物。传统媒体将传播者与受众分得很清，单向传播是其典型特征。而在新媒体时代，信息的传播是交互的。新媒体的实时互动成就了“人人即媒体”。以手机为代表的移动端设备实现了人与人之间的即时沟通与联络。没有边界的世界是新媒体呈现出的最大特点。新媒体打破了媒介间的壁垒，消融了媒体之间、介质之间、地域之间，甚至是媒体与用户之间的界限，所有的人和机构都是传播者，又都是接受者。此时，传播者与受众不再有明显的区分，更习惯被统称为“用户”。

在新媒体发展过程中，**传播的碎片化与受众重聚也将是一个必然的过程**。在传播中，新媒体与用户逐步建立新的连接，经过一定时间的沉淀，形成新的用户关系。具有相同或相近爱好、价值观的强用户关系将逐步聚合成为社群。这种社群具有高度凝聚力，极具商业价值。

☞ 新媒体发展趋势

技术、渠道和内容是新媒体的 3 大竞争焦点。互联网从不缺内容，但永远缺优质内容，甚至缺少真正提供给用户所需内容的平台。海量内容泛滥，优质内容奇缺。内容质量是成就新媒体平台的关键。

当下，移动互联网正成为新媒体的主战场，新的媒体生态正在逐步成形，跨屏互动成为必然趋势，新媒体发展将更为强调场景化、个性化和垂直化。同时，智能技术、VR 也正在向新媒体领域渗透融合。

变化往往也意味着新的机会。

第三节　新媒体对企业的影响

这是一个熟悉的场景：

某企业主，在每天清晨，第一件事就是打开手机，登录微博、微信或某个新闻 APP，搜索一下自己关注的几个关键词看看有没有自己企业的负面信息，也许还会看看有没有竞争对手的负面新闻。如果没有特别值得关注的，就松口气，按部就班地开始忙碌的一天。

从来没有一个时期，来自个体的信息能够有机会获得这样大的影响力。曾经弱势的个体，可以通过新媒体表达，在网民的推动下，最终战胜强权。这样的案例今天已不再让人惊讶。每家企业都不得不重视日益壮大的新媒体。

传统企业都在思考在新媒体时代下如何转型。这是改革开放 30 多年来经济发展所带来的改变，是互联网技术的普遍应用带来的商业环境的改变，是“80 后”“90 后”年轻一代创业群体渐成为主流带来的改变，也是每个人旧的知识和认知体系被新的知识更新、被科技创新颠覆带来的改变。

改变也带来价值。

新媒体已经为很多企业带来了高价值回报。它不仅让一些企业盈利丰厚，还给非常多的中小企业提供了做大、做强的机遇。企业对新媒体的应用，更多的是需要内部变革。这也是对企业最大的挑战。

☞ 来自新媒体的冲击

新媒体带来的环境变化对企业的影响是多方面的，具体而言有以下几个方面。

企业变“脆”。企业生存的本质是品牌化生存，新媒体带来的冲击让企业更脆弱。来自新媒体的负面信息对企业的破坏力更大。跨地域、跨圈层的共识一旦达成，企业就可能面临生死危机。

不确定性增多。新媒体时代，负面爆点似乎无处不在。也许是某个普通用户的投诉没有得到及时回应，也许是用户在贴吧、微博、朋友圈的一个小小的吐槽，也许企业的某个不良产品的用户碰巧是个“大V”……任何一个小事件，都有可能转变为影响企业发展的危机，甚至决定企业存亡。

危机应对更加复杂。在新媒体时代，原先应对传统媒体的手段变得低效甚至无效，危机应对变得更加复杂和困难，对部分主流传统媒体的持续广告投放并不能让企业活得更好。

传播效果难以预测。新媒体时代，大面积的二次、多次传播，意见领袖和活跃用户的推动，UGC的参与，传播效果变得越来越难以预测。

口碑越来越重要。新媒体为信息的双向传播提供了平台，用户得以参与讨论并传播观点。口碑对企业的影响越来越大。

研究新媒体对企业的影响越来越重要。大多数企业的传播策略出现问题，很大程度上是没有充分认识到新媒体带来的变化。面对新媒体带来的挑战，很多企业并没有做好充分准备，尤其是很多大型企业。

新媒体对企业公关部门提出了更高要求。新媒体时代，媒体环境更加复杂，媒介经理的工作也更具难度，企业公关职能扩大化。以前，企业的媒介经理只需要维护好与各大媒体的关系，把宣传稿件发给媒体即可，而现在，则要多线工作，传统媒体、新媒体都要维护好，企业的官方公众号、微博要不断更新，还要与粉丝沟通、及时处理用户问题。

☞ 容易陷入的误区

长期以来，企业信息传播的主要载体是电视、广播、报纸、网络，如今，这些载体已发生变化。新媒体成为用户接触企业的主要渠道。如何搭建企业与用户之间沟通的平台，让用户在新媒体环境下更好地了解企业，是企业当下亟须解决的问题。然而，绝大多数企业在新媒体传播方面普遍缺少经验，应对相当被动，在利用新媒体塑造品牌方面也大多停留在较浅的层面，不懂得如何真正地把品牌推销出去，不具备系统的新媒体传播能力。

多数企业在新媒体传播方面存在以下误区。

人员越年轻越好

目前，企业新媒体运营中普遍存在的一个误区是片面地认为从事新媒体运营的人员越年轻越好，一些企业甚至规定只聘用“90 后”“95 后”。这类人才的思想和活力不容置疑，但学费也会交得比较多。

如今，“80 后”“90 后”等年轻用户群体的消费行为呈多元化、个性化、差异化特点。这要求企业不仅要在技术手段和量化指标衡量工作上做到尽善尽美，更需要对用户属性、需求特点等加以准确把握，尽可能细分，才有助于制订更加贴近用户的传播策略。传统媒体时代，企业的传播工作更多是考验从业人员的个人的能力，新媒体出现后，考验的则是从公司领导层到参与部门，乃至整个公司的团队智慧。

而以上这些要求，对于职场新人而言，挑战无疑是极大的。只有将年轻人的活力与有丰富经验的人才合理搭配，充分发挥各自优势，才有利于企业做好新媒体运营。

新媒体不需要投入

在企业新媒体运营上，社会上充斥着“零费用实现引爆互联网”“零成本从 0 到 100 万粉丝”的声音，使很多企业家对新媒体运营产生错误认知，认为新媒体建设不需要多大投入。稍具常识的人只要略加思考就知道，“零成本开展新媒体建设”是一个伪命题。

首先，新媒体运营人才匮乏是众所周知的事实，优秀新媒体人才更是难寻，像万达集团这样用百万元以上年薪吸引新媒体优秀人才的案例并不鲜见。由此可见，单就新媒体岗位的人员成本而言，就是一项必须考虑的巨大开支。

其次，企业要将新媒体做好，必然要进行各种推广，做各种线上、线下活动，这些都需要大量人力、物力和财力。即便做一个最初级的网站搜索优化（SEO），也需要一定预算，更何况单单 SEO 对企业业务开展的推动作用可以说微乎其微，企业在制订新媒体发展策略时必然是多方面齐头并进，相应的预算必不可少。

新媒体就是广告宣传单

一些企业新媒体的内容做得太商业，看起来就像广告，而用户对多数广告都是排斥的，这就导致企业的传播最终事倍功半。错误的策略往往导致很多粉丝量比较大的账号，最后变成一个软文聚集地。以打广告心态做公众号，这样的账号推送的内容，谁会每天都看？哪怕用户没有“取关”，那打开率又能有多少？

做品牌影响力的账号，在植入广告时，需要注意更多技巧，而基本的出发点是一定要对用户有价值。对于不同发展阶段、不同层级、不同类型的企业，在运营新媒体时要有自己的判断。新媒体用得好，它可以帮助企业成长；用得不好，它就对企业发展推动有限甚至还可能阻碍企业发展。

使用单一形式的新媒体就行

还有很多企业误以为只要粉丝多，就可以达到品牌传播的目的，以前在传统媒体的品牌传播和广告宣传就不再有必要。实际并非如此。传统媒体仍然有一定的效果，例如中央电视台的背书，仍然对三、四线城市消费者有着较大的吸引作用。

此前，企业做营销，会把预算投向外部媒体、推广渠道，在获得预期效果的同时要支付高昂的费用，企业的着重点在于对产品的宣传，通过传统媒体广告和营销传播，搭建渠道，占领市场。现在，每家企业在常规做法之外，还需要有自己的新媒体矩阵，打破单一传播渠道的限制，利用新的传播平台，进行有效的品牌建设。

企业应对新媒体变局，需要从传播到推广构建全新的“新媒体 +”战略。这就要求企业在经营新媒体时要团队作战，平台化运营，避免各自为政；要整合企业官方微博、微信、新闻客户端等新媒体资源，统一策划，集中报道，实现协同。

其他运营误区

企业的新媒体建设容易陷入的误区还有：认为新媒体就相当于企业的内刊，传播的内容过于主观，企业对内容自我感觉良好，用户却未必买账；片面地认为数据决定成败，单纯地积攒粉丝；推广内容不接地气、对象不精准，想要的太多，老、中、青群体都想囊括进来，最后却一个都抓不住；认为新媒体不能带来实际业绩增长，做得再好也是空谈；内容层层审核，逐级调整，使时效性大打折扣；将粉丝等同于用户，错误地认为人人都会买账；无视社交媒体传播规律等。

马云在 2017 年 3 月“环球转型论坛”与近 3000 名来自 20 多个国家的创业者和年轻人交流时曾经说过，“未来 30 年，世界不属于互联网公司，而是属于那些能更好地使用互联网的公司。”“闷声发大财”的企业越来越寸步难行，赢得新生代粉丝喜爱的企业，则可能在未来 30 年里实现“基业长青”。

☞ “新媒体+”是有红利的

新媒体的发展，源于我们对互联网工具应用的成熟。一般认为，新媒体具有更强的主动性和更低的信息发布费用，具有低成本、碎片化、交互性、多媒体、不受时间、空间限制等特点。

如今，无论是传统企业还是互联网公司，一谈到推广，首先想到的就是新媒体。相对较低的入门门槛给予了所有企业在新媒体传播领域上场的机会，企业的新媒体战略在现阶段比以往任何一个时期都变得重要。

中国互联网络信息中心发布的《中国互联网络发展状况统计报告》显示，2016 年中国网民的人均周上网时长为 26.4 小时，与 2015 年基本持平。其中，使用手机、电视上网的网民规模保持快速增长，台式电脑、笔记本的上网比例则呈继续下降趋势。新媒体与企业的紧密结合将使企业获得显著的发展动力。提升新媒体影响力和拓展新媒体业务，乃至致力于成为一家新媒体公司，对于企业来说不亚于一场革命。

如今，尽管很多企业十分重视微信公众号、微博等新媒体平台的经营，并且也在持续更新内容，但大部分都还停留在发布企业资讯的层面，并没有给用户带来多少真正有价值的信息。

新媒体传播的本质是讨论如何在互联网、移动互联网中重构独立个体之间的关系。在新媒体领域，企业、媒体、用户都是相对独立的个体，他们之间的相互关系则构成去中心化但又多中心化的立体矩阵结构。

微博、微信等社交平台的企业官方账号、新闻客户端的企业自媒体、贴吧吧主、企业粉丝社群等，都是企业新媒体的重要组成部分。因此，相较于传统媒体，新媒体传播可以满足企业更广泛的需求，不仅限于传统渠道能够完成的产品推广，还可以塑造品牌，打造企业新形象，吸引粉丝，转化用户，危机公关等。

因此，新媒体对于企业是有红利可言的。具体包括：

新媒体让企业发展更具多样性变化的可能

通过新媒体，企业可以衍生出许多新的商业模式，创造出新的产品形态。企业可以在互联网和移动互联网上构建全新的商业模式，也可以通过社交媒体平台，打造全新的品牌形象，还可以通过 VR、直播等新技术、新平台，实现对全新业务领域的尝试。

低成本获取用户

在社交平台、直播平台、短视频平台上，企业可以以低廉成本轻松覆盖海量用户，并以极低成本获取用户。新媒体传播天然具有一种以小博大的杠杆作用。例如，企业的创立者及其团队在创业初期如果得当地运用新媒体，就较容易赢得粉丝的关注，甚至直接获得资本的青睐。

相较于传统媒体，新媒体推广成本低廉，可以减少资金的投入。除此之外，相比传统媒体推广的互动不佳和传播效果有限，新媒体传播更加精准，互动性强，可以起到很好的用户导流作用。

互动性强，可快速获取市场数据

随着新媒体技术的不断发展，新媒体与用户、用户与用户之间的多方互动更加充分、多元、全面和频繁，微博、微信等新媒体的评论和转发就是最为常见的互动形式。在互动中，企业可以获取更多用户反馈信息，帮助企业提升产品、改善服务，甚至与用户建立直接联系。丰富的应用工具使企业可以快速获取各种数据并进行分析，以便及时调整传播策略。

信息量大，支持多媒体传播，内容丰富

借力新媒体技术手段，企业可以以图文、音频、视频等多媒体形式对产品、服务及口碑进行宣传，从而使用户能够更形象、直观地接收企业信息。同时，在新媒体上，企业自产新闻可在第一时间自主发出，传播点可控。对于初创企业，借助新媒体引起用户对产品、企业和企业团队的关注，可以使企业在早期完善产品的同时就吸引诸多消费者。

病毒式传播，即时、快捷，反馈速度快

新媒体具有传播及时、快捷的特点，不受外界因素的制约，能够在短时间内将信息发送给用户，在时效性上胜过传统媒体。同时，精心策划的新媒体广告使产品、信息获得病毒式传播的效果成为可能，进而使新媒体推广的时间成本远低于传统推广。

低成本全球传播

企业可利用“脸书”等海外社交媒体平台，实现跨地域、覆盖多语种的海外传播，做到不出国门就可以把握海外商机。

覆盖面广，获得的用户更加垂直细分

新媒体传播形式多样，多种类型新媒体的结合使其覆盖广度前所未有。各种类型新媒体平台用户特征明显，企业获得的用户更加精准与垂直。

超文本链接，检索方便，传播渠道多样

随着新媒体技术的不断进步和运营思维的不断升级，新媒体的推广渠道也越来越多。微信的兴起让很多人开始兼职做微商；借助搜索和链接功能，新媒体内容可无限扩展；基于 H5 等新技术的运用，传播形式变得更加生动有力。

新媒体直接影响主流用户群体

社交平台、新闻客户端、视频直播 APP 等平台的用户，基本囊括国内主流/年轻群体。CNNIC 发布的数据显示，截至 2016 年年底，我国网民规模达到 7.31 亿（相当于欧洲人口总量），手机网民达 6.95 亿。我国网民以 10～39 岁群体为主，男女比例为 52.4∶47.6，学生群体规模最大，月收入在 2001～5000 元的网民群体占比最高。

连接一切

利用新媒体，企业可以重构商业模式和生态链条。通过微信公众号、微博、移动应用、网站、社群等新媒体手段与线下的协同，为企业、用户等多方沟通建立了畅通渠道，投资人与企业、企业与用户、用户与用户之间得以直接沟通。同时，企业与产业链上下游的产品销售渠道、生产厂商、解决方案提供方直接建立连接也成为可能。

可以看到，企业不仅可以通过新媒体建设完成品牌文化与形象的输出，吸引和汇聚用户，培养用户的认知与忠诚度，还可以通过新媒体实现用户的转化，甚至重构企业的商业模式和生态链条。

企业构建“新媒体 +”的商业价值不仅仅是这些。在新媒体领域发掘出的商业价值存在多种变现方式。比如，罗辑思维构建以视频、公众号、音频为主体的新媒体矩阵，聚拢粉丝群体，既可以收取会员费，也可以做高端用户定向广告投放，还可以做社群电商。这种为用户提供有价值的产品和服务的方式，不仅不会让用户反感，还能实现不俗的销售业绩。

值得一提的是，大量优质用户会提升企业新媒体的估值，这无形中也提升了企业价值。

企业需要全面了解、正确认知新媒体的运营规律，并结合实际情况制订适合自身的新媒体发展战略。这看似简单，实现起来并不容易。

☞ 企业“新媒体 +”的应有思考

也许，这注定是一场伴随着阵痛的变革。新媒体给企业提供了新的发展机遇，也带来了全新的挑战，同时，也对从业者提出了新的、更高的要求。

传统媒体和新媒体的组合传播

从大环境上看，随着新媒体的发展，传统渠道逐步退居次位。传统媒体虽然仍具备很高的传播价值，但在新媒体环境下，已渐渐失去主动权。以前，传统媒体的传播渠道有一定的排他性及独占性，企业在一定程度上可以通过广告投放来限制竞争对手的传播渠道。但在新媒体环境下，这一竞争方式正在失效。通过新媒体，企业在任何新媒体平台的投放都有可能达到覆盖跨行业、跨地区、跨国界的海量用户的效果。

当然，主流媒体对企业产品或品牌的背书效应依然明显，这些媒体在用户中可信度较高，并具备一定传播广度，因此对企业依然具有一定的宣传价值。例如，一些传统家具企业在中央电视台投放企业广告，并在三、四线城市的经销商店铺里周而复始地播放带有中央电视台标志的广告，对家具就会起到一定的促销作用。

“传统媒体 + 新媒体”的组合传播已经渐渐成为一种常见做法。首先，企业通过微博、微信等新媒体平台，经过一系列策划，使传播内容成为社会性话题或热点。在新媒体的传播优势下，这些热点话题迅速从新媒体传导至传统媒体，引发传统媒体跟踪报道。然后，企业针对传统媒体的报道，再推动新媒体的二次传播甚至爆发。这样往复几个循环，最终完成一次企业品牌的完美传播。

打造适合企业的新媒体矩阵

企业的新媒体建设不只涉及微信公众号，对众多自媒体平台，企业也都要综合考虑。当然，企业的自媒体平台并不是越多越好。微博、视频、今日头条、一点资讯、百家号、企鹅号、贴吧、知道、知乎、豆瓣……在众多平台中，企业需要根据自身定位和资源情况做出取舍。

当然，企业的新媒体建设不只是建立新媒体矩阵这么简单，也不是单纯地在移动广告上做大量投放，更不是建个网站或者电商化就算完成，而是要结合企业自身特点和产品特性，例如行业、产品、品牌、企业规模、发展目标等，要综合考量各种细节后，才能最终确定运营方案。举个简单的例子，在企业新媒体账号配置中，名称、头像、功能介绍、菜单、自动回复等，就是企业个性特征的最直接体现，需要进行专门的策划和设计，并在新媒体矩阵中加以统一。

重视传播的有效性

企业新媒体不能仅仅满足于把信息传播出去，而是要尽可能多地了解用户，知道他们喜欢什么、不喜欢什么，以便采取相应策略，促进与用户之间的有效互动甚至情感共鸣，从而赢得用户信任，使用户产生购买。倾听用户的声音，在此基础上向用户提供企业的信息，是企业新媒体内容传播的基本要求。但这并不是通过单向的广告和新闻通稿就能实现的，而是需要综合新媒体领域常用的多种传播手段，例如事件营销、粉丝运营、深度对话等。

对于企业而言，不在于新媒体矩阵中媒体数量的众多，也不在于粉丝的海量，能够促进企业达成运营目标才是根本。

传播内容独具匠心

企业往往希望在公众面前的形象是权威的、完美的，在做新媒体运营时，容易从自身视角出发，自卖自夸，陷入自我感觉良好却无人响应的境地。

一个人格化的企业形象更受用户欢迎。用户不会跟一个冷冰冰的企业或者品牌发生深度交流，就像你一定不会对着你家洗发水瓶说话一样。在新媒体环境下，用户更希望看到一个“真实的”账号。类似某某君、小编MM，这样的称呼更易让用户接受。支付宝的2017年春节集福活动中，一篇《我有个同事叫冠华》圈粉无数，稍显调侃、自嘲的文字，让参与集福的用户倍感亲切。

杜蕾斯同样是新媒体应用较为典型的企业，依托微博、微信等新媒体平台，杜蕾斯不断生产内容，为产品进行宣传，获得了非常好的市场反响。

更进一步看，企业的新媒体账号一旦拥有了生产内容的能力，对传统的公关、广告公司、媒体的依赖度就会下降，这无形中就会成为企业的独特竞争优势。

企业若能以独特、专业的视角解读社会现象，不但能很好地突出产品优势，而且会彰显企业魅力，持续、有效地吸引用户。企业与用户之间不仅仅是买卖关系，而是需要与被需要的关系，是服务与被服务的关系。用户希望与企业之间有相互认同的价值观、归属感，甚至能满足相互之间的情感诉求等更复杂的关系。

信息发布形式和平台选择同样是内容传播过程中必须慎重考虑的问题。同样的内容和标题，在不同的新媒体账号上发布，获得的传播效果是不一样的，影响的用户群体也不同。这很容易理解。当工具、媒介、环境发生变化时，读者希望看到的内容和展现形式是不一样的。例如，同样一篇稿件，在新闻客户端发布效果较好，但在企业新媒体发布，效果却可能差强人意。

信息的爆点属性和价值对传播效果也会起到决定性作用。一般来讲，只要能制造有趣或有用的传播点，就可以形成非常好的传播。新媒体面对的更多是伴随着互联网发展而成长起来的新生代网民，他们极具个性、思想差异较大，话语风格多变，因此，积极创新内容形式，精心设置爆点，是企业新媒体运营的常态工作。企业新媒体负责人必须具备捕捉并策划出爆款传播内容的能力。

新媒体运营管理要适应市场需求

在管理上，企业在新媒体运营管理上要做出诸多改变。

“新媒体 +”战略需要一把手领衔。企业董事长或首席执行官（CEO）等企业实际掌舵人要牵头实施，并避免过多中间环节。中间环节越多，执行结果往往越差。从新媒体对企业的价值角度来看，一把手牵头也更符合企业发展要求。在传统渠道萎缩或失灵的情况下，新媒体无疑是企业传播的新战场。面对变化以秒计的新媒体时代，传统的广告代理、公关代理、危机公关代理模式，在处理企业公关危机时已显现出致命缺陷。比如某知名自媒体突然在网上有理有据地投诉企业，企业如果委托公关公司应对，公关公司首先需要提出解决方案，经企业认可后才能执行，其间不可避免地会涉及方案的完善。双方在进行沟通和调整的过程中，问题就有可能已经发酵到不可收拾的地步。因此，许多企业已经构建了多账号组成的新媒体矩阵，内容生产也在逐渐内部化。某些互联网公司内部甚至已经建立了庞大的团队，专门负责日常内容和活动的策划与执行。

需要将公关行为内化到企业内部管理层面。新媒体时代，企业公关不仅仅是公关部的事情，而与公司所有成员相关。公司每个员工的声音，都在一定程度上代表着公司的立场。全员公关，乃至全员新媒体传播，是未来企业的标配。如果人人都是公关总监，那么企业的新媒体传播就会变得非常轻松。如果企业有余力，最好建设一支强大的研发团队，进行技术研发、数据分析及挖大数据掘等工作，相信会对企业发展起到巨大的推动作用。

工具和媒介的改变，要求传播内容、营销模式也随之调整。可以预见，未来一段时间，“两微一端”（微博、微信、新闻客户端）仍将占据新媒体传播主阵地。企业通过自有新媒体建设获得话语权，得以直接与用户交流，就拥有了获得精准用户和第一时间自主响应的能力，危机公关中不再全面依赖媒体，迎来“一切以用户为中心”的时代。

“罗马不是一天建成的。”企业在新媒体道路上切记要踏实前行，一步一个脚印。这样，也许是 3 个月，也许是半年，企业的品牌影响力就会初现成效。

让用户听到你的声音，看到你的奋力奔跑。酒香也怕巷子深。企业的品牌价值塑造将越来越依赖于新媒体渠道。企业若想爆发巨大能量，全面推进“新媒体 + ”战略是重要的解决之道。

第二章

企业的“新媒体+”

○从定位开始

○布局新媒体矩阵

○开展新媒体运营

○快速打开局面

○新媒体运营方法论

第一节　从定位开始

企业开启“新媒体+”之旅的第一步是做好自身定位。新媒体要呈现出的样子是什么？用户为何会需要这样的新媒体？是因为用户很关心企业里发生的好人好事？是因为用户更需要有价值的阅读？还是因为产品的每一步进展都让用户欲罢不能？这些，都是在着手新媒体建设之前，需要仔细思考的问题。

从定位开始，是企业实施“新媒体+”战略的关键。

☞　如何定位

定位的诀窍之一，就是从细分市场入手。需要思考我是谁，我的产品是什么，我有什么样的优势资源，我的用户在哪里，我的竞争对手在哪里，竞争对手都在网络上做了哪些工作等问题。

具体而言，企业的新媒体定位主要包括平台定位、用户定位、服务定位3个方面。

平台定位就是确定平台的基调和差异化特征。如果不是以个人为运营主体的自媒体，相对来讲都可以称为平台。企业的新媒体运营团队往往是多人团队，跨部门有支撑，人员之间有配合，这些都满足平台的特征。平台定位需要结合企业和平台自身的现状、所处环境、资源状况、可以达成的目标等综合考量。

用户定位需要思考用户的特征和价值。用户是谁？有哪些行为偏好？切入的场景是什么？什么样的用户在什么情景下使用产品？目标群体的核心特征是什么？清楚回答这些问题后，才能进一步提炼用户价值，进行群体及价值排序，模拟用户使用场景。

服务定位就是要确定企业新媒体将提供怎样的服务。每家企业及其产品在顾客的心中都占有一定位置，有特定的印象。因此，一个明确的服务定位有利于形成差异化的服务。

如果你想先打开产品市场，提升企业和创始人的知名度，建立一个内容型的新媒体矩阵更为适合。利用新媒体的媒体属性，会为你的企业发展增加新动力。阿里前 CEO 卫哲曾表示，成功的 B2B 企业，肯定是在为企业中的人提供服务，在低频的交易以外创造高频的服务，以社区、资讯等方法创造高频服务黏住企业。

如果希望直接促进销售转化，构建新媒体渠道通路，消灭中间层级，那么电商网站、公众号或 APP 更为适合。通过新媒体渠道建设的销售平台，链接全国乃至全球用户。通过与之配合的需求方平台（DSP）等新媒体营销推广和传统渠道广告，是可以获得预期目标的。

☞ 运营都做些什么

定位清晰之后，接下来就是围绕定位展开运营。

运营的主要工作

从工作职能上看，运营主要分为内容运营、用户运营、活动运营、营销推广等。

内容运营主要包括：确定内容来源、制订内容运营策略、用户策略、热点策划、标题策略、文章排版等。确定内容来源是内容运营的首要工作，也是开展日常内容运营工作的依据。一般来说，原创、转载、专业生产内容（PGC）、用户生产内容（UGC）是新媒体内容的几大主要来源。

用户运营的主要工作是拉新和激活，可以采用的方法有互粉、拉新、互动、活动激活、奖品赠品、天使用户、活跃用户、核心用户、沉默用户激活、关键意见领袖拓展、社群运营等。

活动运营实际上可以看成用户运营的一个分支，与用户运营有着紧密联系，对内容运营有很强的支撑作用。线上与线下活动的策划、组织、执行及目标达成等，都是活动策划需要解决的问题。

营销推广与一般企业的营销推广差别不大，但企业新媒体的营销推广主要围绕企业新媒体账号展开。它通过线上与线下多种手段相结合，不断提升转化率，从而达到既定运营目标。

数据分析和商务合作也是企业开展新媒体建设的主要工作。新媒体的一个显著特点是可以及时收集用户的各种数据。如果是自建的新媒体平台，无论是大数据分析，还是新媒体的指标数据评估，都是助推企业发展的利器。

无论企业的新媒体是微博、微信公众号，还是在今日头条、一点资讯建立的企业号，还是自建的 APP，都要从定位开始。从产品出发，在不同维度深耕运营，用数据挖掘发现价值，用商务拓展实现价值。

不同类型企业的新媒体矩阵构建

目前不少企业仅重视微博和微信，这其实是个误区。在论坛、博客、贴吧、知道、知乎、移动新闻客户端、直播、视频等平台上，企业都会有用武之地，运营好其中任何一个平台，都会对企业产生很好的助力。一个定位于年轻群体用户的企业，如果有一个 50 万活跃用户的贴吧，就不需要花太多精力运作其他新媒体平台了。如果这个企业在直播平台有大 V 账号，相信卖产品也不会那么困难。

初创企业更需要从多方面打造自己的新媒体矩阵。除了根据自身情况确定重点运营的新媒体平台，在新媒体矩阵的推广上，还需要做很多工作，例如，陌生用户往往会通过搜索或熟人介绍来了解企业。因此，如果做搜索优化（SEO），在搜索结果页面丰富地展现自己，可以得到更多用户的认可。

第二节　布局新媒体矩阵

新媒体平台的选项很多，如微博、微信、新闻客户端、视频、音频、直播、短视频、APP 等。企业如何选择平台需要慎重考虑。很多企业人云亦云，着力仿效，或紧盯竞争对手，这种一味照搬的结果往往是折戟而归。还有很多企业的新媒体内容与其官方网站内容类似，这也导致其不被用户认可。

新媒体的表现形式多种多样，绝不仅仅是一个公众号或者一个微博就能代表的。

☞　新媒体布局要分主次

首先，要弄清楚企业自身的资源状况。在人力、物力、财力有限的情况下，企业一定要清晰认识自身的优势所在，根据自己的品牌定位，集中优势资源，聚焦核心平台，然后在可以兼顾的其他渠道加以延伸。

其次，确定主要阵地。现阶段，微博、微信是国内主流社交平台，国际上也没有出现可以在未来几年内颠覆社会化媒体的创新，所以，企业大可以放心地根据自己的品牌定位，在微博和微信中选择一个主要阵地。有的企业可能会觉得微博和微信已经发展了这么长时间，到现在已经错过了进入的时机。事实上，没有什么不合适的时机，进入了，就是好时机，就有机会；不进入，就永远没有机会。

最后，构建新媒体矩阵。在确定了新媒体的定位之后，结合企业自身实际需要，就可以开始新媒体布局，构建企业新媒体矩阵。从提升企业品牌影响力的角度看，企业新媒体是偏媒体属性的，可以采用单点首发，全网覆盖的策略，有主次、分层级地构建新媒体矩阵。

☞ 主要新媒体平台分析

下面对目前市场上主要新媒体平台做一个简单梳理。

微信

在微信上，企业可以开通订阅号、服务号、企业号。订阅号偏重信息传播，服务号侧重于对用户进行服务，企业号侧重于生产运营管理。企业在微信平台的常用资源包括：订阅号、服务号、企业号、微商城、微信朋友圈广告、广点通广告。

微博

在微博上，企业可以做企业蓝 V、微博广告、话题等。

新闻客户端

众多内容分发平台和新闻客户端开通的自媒体平台也是企业新媒体建设的有效出口。建立企业自媒体账号后，企业可以在第一时间发布企业新闻，而且可以策划偏媒体属性的新媒体账号，通过更具专业性的原创内容，吸引用户关注。自媒体平台包括头条号、一点号、百家号、企鹅号、搜狐公众平台等。这些平台均有数以亿计的用户，置身其中可以获得在更大范围传播的机会。科技垂直领域的新媒体网站也开通了自媒体，个人、企业和机构均可以申请入驻，如钛媒体、36 氪等。

视频

视频包含的信息元素丰富，更适合展示企业形象。优酷、爱奇艺、腾讯及哔哩哔哩网站等视频平台都推出了视频自媒体栏目，企业可以多加关注。通过企业视频自媒体的发布和沉淀，可以形成一个不错的新媒体传播阵地。

直播

在直播平台，企业可以做的事情就更多了。曾有一场商业直播，几分钟之内就实现数千万件产品销售。网络直播的最大特点是即时、互动、真实、参与感强，可以超越地域限制。在互联网时代，很多人都困于不知道屏幕对面与自己聊天的是谁，而直播则可以让海量用户看到直播对象更真实的一面。主播通过实时语音和视频画面的信息传递，对用户更具吸引力。

在直播平台，企业可以采取的方法也很多：可以通过网红主播的推荐，从直播平台吸引用户；可以邀请专家在直播平台对产品进行介绍，这种方式往往更容易说服用户，产生更大的黏性；通过直播客服沟通，让企业和用户之间能够“面对面”地交流沟通；对企业活动进行直播，可以借势节日或社会热点，发起线下活动、线上直播，让用户与品牌“玩”在一起。

音频

音频自媒体作为一种互联网渠道，也有非常强的引流能力。在开车、跑步健身等场景，音频有着不可替代的价值。近年来，网络电台繁荣发展，荔枝 FM、喜马拉雅 FM、考拉 FM 等音频聚合平台陆续崛起，聚集了大量用户。企业在构建新媒体矩阵时，也可以将这些平台考虑进去。

其他公众平台

还有很多平台，也可以作为企业新媒体传播的辅助阵地。例如，百度贴吧可用于用户社群运营、企业服务的窗口；百度知道、知乎等平台可以实现很好的企业搜索优化。

企业自建 APP

企业自建网站和 APP 也是可选择的新媒体形式。企业自建网站较为简单，只要针对 PC 端和移动端进行相应设计，经常加以维护即可。对比入驻新媒体平台和自建网站，企业自建 APP 难度要大得多。从研发到运营，以及迭代更新，都需要大量的投入。另外，APP 的推广更是难题。因此，企业在资源有限的情况下，自建 APP 并不是非常好的选择。

☞ 企业新媒体布局常用方法

企业新媒体布局多采用“1＋N”模式，实现这一模式主要有以下两种方式。

直接规划企业新媒体“1＋N”模式

在微信公众号、微博或新闻客户端平台中选择一个为主阵地，然后针对主阵地的用户情况，结合企业目标用户的特性，启动新媒体子品牌策划，并入驻。

先多点尝试，找到符合企业特性的平台，然后再进入“1＋N”模式

在这种方式下，企业先选定几家新媒体平台作为主阵地，入驻后先进行尝试性策划和传播，根据数据反馈情况，找出最适合企业发展的平台作为最终的主阵地。这种方式主要适合那些对新媒体认知不深，在新媒体传播领域基础较浅的企业。

实际上，以上两种方式实施过程较为接近。需要提醒的是，企业在布局新媒体初期就选择全面开花的做法是十分错误的行为，不但浪费资源，对企业的发展也不会起到多大的促进作用。即便是很多资金实力较强的企业，在新媒体领域的投入较大，也很少在内容、视频、直播、短视频等平台全面出击。

之所以强调要结合企业实际情况，是希望企业能够找出与自身基因最相融的新媒体平台。如果企业的娱乐资源丰富，以直播平台作为主阵地就是很好的选择，微博也是值得推荐的渠道；如果是一家家具企业，运营一个家居设计类的微信公众号或客户端自媒体显然更能达到传播效果。

总而言之，一家企业没有太多的精力和时间去做多个自媒体，也不可能同时做好每一种形式的自媒体，与其泛泛，不如专注，运营效果反倒会更好。

第三节　开展新媒体运营

“运营”这个岗位在很多公司都处于比较尴尬的境地，因为对于这一岗位具体要做什么，往往难以明确界定，每家公司对这一岗位的界定都有不同。具体到新媒体的日常工作，运营是非常核心的职能。

☞ 了解新媒体发展规律

企业发展新媒体之前一定要了解新媒体的发展规律，这样才能因地制宜，制定符合企业自身定位的发展策略，进而采取相应的举措。

在什么时间段采用什么运营策略，引入哪些资源，都需要在实际运营中精准把握。如企业要发起对行业领军企业的挑战，就需要付出更多的人力、物力和财力。企业新媒体在实际运营过程中，不仅仅要考虑自身的营销推广，也要理解竞争对手的策略，从对方的举动中判断其实际目的，适时提出应对措施。

比如阿里在创立“双十一”购物狂欢节后，在这个时间点上，淘宝和天猫在品牌、销量上都成为最大的赢家。后来，各大电商平台不得不进入“双十一”这个阿里的主战场，纷纷推出自己的举措，吸引用户，也试图在狂欢消费之日分得一杯羹。也有一些电商平台在自己尝试“造节”，例如京东的“6・18”、国美的“黑色星期五”、苏宁的“8・18 发烧节”……在相关“节日”，淘宝等电商平台也不得不同步推出促销活动。

☞ 目标要具体和可量化

企业要做好新媒体，一个具体、可量化的目标必不可少。企业要通过新媒体达成什么目标，一定要清晰、明确、可量化，不能模棱两可。比竞争对手卖的产品多、帮助企业成为业界龙头，这样的目标都是模糊的愿景，不能起到有效的指引作用。目标制订应该表述为：一个月通过新媒体渠道实现多少销量，月度、季度增长率多少，年底的到达值是多少等。

在企业新媒体运营之初，通过设立明确的、具体的目标，可以倒推出一个大致的时间表和运营方案，甚至可以细化为一个可执行的表格或时间轴。细化过程中，要综合考量企业的发展阶段、团队状况、自身水平、资源情况、当前新媒体环境等因素。

另外，企业在不同发展阶段，设定的目标也应有不同侧重。企业在进行新媒体运营时，应该清楚地分析自身和新媒体产品处于同行业的哪个阶段。如果内、外部有优势资源，也要厘清这些资源的强度和能够介入的时间表，这样才能有的放矢。

需要指出的是，也有一些指标难以量化，例如行业影响力、对业界高端人群的影响、活跃用户的认可度、接受程度等。这些指标较为复杂，难以用单纯的数据进行评价，就需要综合使用各种工具，制订合理的评价标准，避免一刀切。

☞ 运营四阶段

一般来说，企业的发展可大致分为 4 个阶段：初创期、成长期、成熟期、衰退期。其中，衰退期实际上也可以看作是企业的转型或二次创业期，与初创期有诸多相似之处，但又因为有足够的品牌沉淀和发展惯性，企业在这一时期的策略和方法与初创期有显著不同。

企业的新媒体运营要符合企业的发展周期特点。

初创期

在初创期，要让用户认知产品。在明确产品体验、价值和亮点之后，接下来要做的就是盘点和梳理企业可用的内、外部传播资源，采用爆款传播和常态化运营相结合的方式，将新媒体战略落到实处。其中，企业可用的传播资源又分为免费渠道和付费渠道两种。

付费渠道以常规渠道为主，包括传统媒体广告、新媒体广告、程序化购买平台、软文、SEO、关键词新闻策划等。这些渠道应聚焦在企业新变化和主打产品的介绍上，以让用户了解企业和产品为主。

使用免费渠道时，需要采用相应的策略才能达到预期效果，包括内传播、天使用户积累、企业全员自媒体化、关键意见领袖拓展、行业社群建设等。

内传播。内传播就是首先在企业内部进行传播，让企业成员首先认同企业。试想，一款产品、一项服务，如果企业自己的员工都不认同，那么这款产品或服务可以说根本不具备市场竞争力，又怎能在复杂的市场环境中脱颖而出？征服世界的第一步是先征服自己。

天使用户。天使用户的积累和运用，最出名的是小米公司。在小米创立之初，其所采用的发烧友策略让小米手机获得了很多极具价值的反馈信息，并最终成就了小米手机的辉煌。这些天使用户可以说既是产品经理，又是研发参与者，还是小米手机的用户，更是小米手机的免费宣传员。从100 人到 1000 人，再到数千人，这些小米手机的天使粉丝，影响和辐射了数十万的用户。

全员传播。这一步骤的实施主要依赖包括个人微信、微博在内的企业员工社交媒体账号。企业员工是企业的成员，同时也是行业内的资深用户，影响和辐射的是同行业从业人员及其身边的亲友，从行业传播到普通受众都可以兼顾。全员传播策略，一方面可以起到病毒式传播的作用，另一方面也是非常好的企业公关。让员工的亲友了解企业员工，了解企业的产品，从而认同企业，进而让这些人更加认同该员工所从事的工作，反过来也加深了员工对企业的感情。这种成就感、归属感，是千金难买的。

关键意见领袖拓展。关键意见领袖拓展是一件有难度的事情。一个关键意见领袖不会轻易发表针对某企业的观点。但由于这件事对企业而言极为重要，在企业发展新媒体之初，就需要开展，并持续沉淀。企业不能奢望在很短时间内就达到“一呼百应”，更不能为了短期效应而不惜重金邀请某些关键意见领袖发声。花钱砸出来的只能是一时的“繁花似锦”，对企业而言得不偿失。如同与大客户的沟通一样，企业要做的，是在运营过程中，不断累积那些愿意接触企业、了解企业，并逐渐认同企业的关键意见领袖。这是一个长期的过程，但这种积累对企业的发展无疑会起到非常正面的作用。可喜的是，很多企业已经认识到这一点，一些互联网企业的创始人甚至亲自出面，主动联系一些关键意见领袖，并保持日常的必要沟通。

行业社群。行业社群在企业新媒体发展之初也非常重要。如果是老牌企业，行业沉淀和人脉积累丰厚，需要做的是尝试把这些关系从线下转移到线上。既然做新媒体，呈现的就是新媒体环境下的企业和企业创始人，通过线上社群拓展影响力是最直接的办法。目前，很多行业资深人士组织的微信群，往往是本行业各方面资源的汇聚地，无论是开展新媒体的内容传播，还是开展活动甚至商务合作，都可以提供坚实的基础。

综上，通过爆款策划和常态化运营的每一次输出，通过免费和付费两个不同渠道进行推广，如此往复，优质的运营会在 3 个月或半年内就为新媒体的建设打开局面，度过企业新媒体建设的初创期。

成长期

当企业新媒体走过初创期后，企业新媒体运营人员对整体市场和新媒体战略的各个渠道有了初步了解，掌握了一定数量的活跃用户，此时再大量、有节奏地引入用户，用户就会快速增长，企业产品及新媒体矩阵的发展也就进入了成长期。

在成长期，要迅速调整，尽快确立企业新媒体账号的个性化特征，使企业新媒体具有醒目的识别度，进而“围水筑坝”，与其他同类企业新媒体拉开距离，甚至设立门槛。

企业可以从内容、产品、亮点、特色上，深度塑造企业新媒体的独特形象；从企业新媒体的行为方式上形成个性化特征；从视觉和行为上建立醒目的识别度。要与行业的后进入者和跟随者快速拉开距离，以保持竞争优势。

在成长期，一个重要的工作就是保证品牌的持续曝光。企业可以通过策划热点活动激活用户，促使其提高使用频率，进而使用户建立起使用习惯。当然，在不同发展阶段，爆款的推广和传播手段是不一样的，这需要企业的新媒体团队进行反复学习、尝试和观察。

成熟期

任何增长都会有天花板。无论是行业市场规模、企业份额、行业内关注人群，还是产品消费人群的总量，其增长都会有一个极限。当企业新媒体不再高速增长，在一段时间内保持相对平稳，并且也到达企业内部预估的极限值时，企业新媒体建设就进入成熟期。

当然，并不是所有的发展放缓都可以看作是进入成熟期的标志，有的发展缓慢时期可能是有待突破的瓶颈期，此时，就需要调整策略。

成熟期往往是企业发展和收获的黄金时期。这一阶段，企业最重要的工作是维护较为稳定的运营指标，满足企业最初设定的预期，大量实现盈利，并进行下一步发展的积累。

进入成熟期之后，维持稳定、保持已有品质成为企业首要任务。无论是产品、服务，还是内容质量，都需要保持稳定输出，不能产生悬殊的落差。此时，企业新媒体建设会进入一个“抬头看，低头干，目标明确，细节扎实”的发展周期。

在新媒体时代，成就一个企业也许只需要半年或 1 年。在企业新媒体方面，当用户基数趋于稳定，凝聚核心用户、保持和提升活跃用户占比就成为主要运营目标。初创期、成长期经常进行的大投入推广，在成熟期可以减少频次，以小规模的推广活动为主，甚至可以考虑采取保守型策略，除保留重要节点的投放外，其余时间段尽可能维持常态化运营。这是一个保持存在感、收割胜利果实的阶段。

衰退期

在进成熟期之后，企业不可避免地会进入衰退期。“大河无水小河干”，企业新媒体也不可避免地会走下坡路。这也是新媒体运营的宿命。一旦具有迭代特征的新型媒体平台出现，企业就需要为衰退期的转型做好充分准备。很少有超过 10 年依然火爆的平台。即使 QQ 这款可以称为“互联网常青树”的产品，其热度也曾被博客、开心网、微博、微信等抢过风头。

在衰退期，最重要的是收取剩余价值，转型升级，突破自身，做好现有用户的留存和导流，并保持企业在新媒体领域已经建立的发展势头，以便在新的发展周期中延续下去。

☞ 时刻保持归零心态

在企业发展的所有时态中，所有的成绩都是过去时。当市场环境发生变化，尤其是新媒体行业的发展很可能改变一个行业的规则时，保持清醒的认知，比以往任何一个时期都来得重要。

真正了解和掌握新媒体发展规律之后，企业才会对新媒体战略有更清晰的认知。即便完全接受并认可了企业的新媒体战略，运营人员在已有的经验里也找不到可以直接套用的模式，在行业内也不容易找到足够的可借鉴案例，此时，就需要企业进行小范围试错。这个试错需要有一定的方法。总体来讲，要以内容质量和创新为基础，恪守以下基本原则。

（1）原创文章的效果最好。

（2）紧跟潮流，抓住热点，更要抓住符合企业和企业新媒体特点的热点。

（3）细节精细化。

（4）打造多个媒体传播渠道，矩阵化运营，互相引流、促进。

（5）重视人与人之间关系链的传播。通过内部员工自媒体化、天使用户、关键意见领袖、行业社群等进行有效传播。

（6）抓住用户的共鸣点。策划活动需要寻找用户的痛点，让共振发生，以达到事半功倍的效果。

兵无常势，水无常形。企业新媒体运营没有固定的模式与方法，也不会有一条百试不爽的成功之道。而关注潮流，顺应热点，贴近用户，善于利用热点甚至制造热点，这些普遍的做法，可以在短时间内将企业新媒体推进到一定的高度。

第四节 快速打开局面

新媒体不是工具，也不是一种手段，而是一个正在成长的虚拟世界。

未来，这个虚拟世界会是什么样子，所有人都无法想象。企业现在要做的，是正视新媒体的作用，了解新媒体在传播中的规律，快速打开企业新媒体的局面。如此，才能让企业更好地与新媒体融合到一起，才能在未来依然保持活力。

☞ 正视新媒体的作用

新媒体虽然是当前企业传播的重要阵地，但其也有一定局限性。通过对各种平台的综合运用，企业的确可以很快地实现一次覆盖全网的爆款传播，但一次爆款传播获得的红利，无法支撑企业运营 1 年，甚至都不会超过 1 个月。另外，大多数企业之所以能够用 3 ~ 6 个月的时间快速打开企业或某款产品的局面，往往是因为经过了很长一段时间的精心筹备和试错。而这些精心准备要在最终运营中实现预期效果，还需要时机的配合。

能够对新媒体有正确的认知，才能让企业开启新媒体战略后先成功一半。

☞ 重视学习和积累

企业进行新媒体营销，要打开思路，在思维和方法上有所创新，也要兼收并蓄。

例如，“杜蕾斯防雨鞋套”“可口可乐昵称瓶”“卫龙辣条”这类成功案例，都有一定的规律可循。企业新媒体运营人员可以结合当前网络环境，用创新的思路和方法，策划新的主题。

如果仅为使用户初步建立认知，一次覆盖面广的传播就足够。要想打开企业经营和销售的局面，难度则提升不少，要求将企业新媒体传播与转化率目标和导流相结合。很多爆款传播看似效果好，影响很大，实际效果却难以界定。类似“逃离北上广”这样具有广泛影响的活动，最终收获粉丝掌声和更多广告主的是乙方企业新世相，作为甲方的航班管家最终在多大程度上实现了初始目标，并没有更多明确数据能够加以说明。

新媒体是企业在未来全新虚拟世界的先锋站，也是现阶段新媒体传播的据点和发动机。要达到这一目标，企业新媒体要做的，就是把企业的品牌和产品诉求，一遍一遍地传播给海量用户，实现深度的影响，形成清晰的用户感知，最终完成销售转化。经过几个月，也可能是1年，甚至几年，企业新媒体通过不断推出独具匠心的策划，让越来越多的用户喜欢，最终在用户某一需求的细分维度占据主要地位。

☞ 精心策划，认真实施

企业想要通过新媒体平台的内容和活动传播寻求突破，就需要精心策划，细致思考，并高效率地执行。要减少或放弃传统渠道，设计适合新媒体传播的产品，寻找有效传播途径，整合新媒体资源，进行产品精准投放。利用各种新媒体平台的不同特性，确定推广方式，结合企业实际，强化宣传效果。

在从策划到实施的全流程的各个节点都非常重要。

策划实施流程主要包括以下步骤：需求调研、目标、策略、创意文案、传播策略、发布、传播管理与补充、数据分析、效果评估。

一次完备的活动推广，从基础工作架构上，需要设置好主题、目的、时间、主要展现平台、合作方、关键意见领袖，以及展现或参与方式。

特别需要说明的是，企业如果希望零成本实现新媒体推广，哪怕策划得再好，也不会获得爆款效果，反而白白浪费了策划的创意。经常有一些介绍如何零成本实现各种目标的文章，奉劝读者一句，千万别信。曾经有营销专家就指出，“10 万元打造爆款传播事件？别说 10 万元，就是 50 万元以内要做这样的事难度也很大”。确实如此。当然，不排除有极少数在机缘巧合之下，实现了小投入大效果的，但这只是小概率事件。如果每次都能成功复盘，真的实现“零费用，3 个月企业可以如何”“零费用，6 个月企业可以如何”，计算一下文章所报道的时间到你看到文章的时间，如果所报道的企业真的能够实现指数级增长，那相关领域的市场格局是不是早就应该改写了？

☞ 持续传播，产生用户黏性

如果企业在新媒体运营上没有太多经验，早期可以引入外部力量，协同内部新媒体人员，以做代练，以练代学，在成长过程中谋求更长远的发展。

在消费升级时代，产品同质化越来越严重，企业的品牌、文化、价值观，都会对用户产生影响，都会让用户产生选择或不选的理由。企业可以通过在新媒体领域尝试突破，吸引潜在用户关注，让已经关注的用户转化为现实用户，并产生消费黏性。

杜蕾斯有一个有意思的策划，用户可能会转发，还可能会向朋友推荐。然而，一家非知名避孕套品牌的策划，一般人想要转发恐怕需要一定勇气，而且即便转发了，用户看到一两次，也不会有任何深刻感知，由此产生购买行为就更不可能。更可能的是，在某一天，用户在超市购物，依然会顺手拿起一盒杜蕾斯放购物车里。

有一个“30天荷花定律”：

在一个池塘里，有一片荷花。第一天开放的只是一小部分。第二天，它们会以前一天的两倍速度开放。到了第30天，就开满了整个池塘。但你知道什么时候荷花开了一半吗？很多人都会认为是第15天。然而并非如此！到第29天时，荷花仅仅开满了一半，直到最后一天，才会开满整个池塘。最后一天的速度最快，等于前29天的总和！

荷花定律蕴含的是积累，是从量变到质变的道理。成功需要厚积薄发，需要沉淀。企业新媒体建设同样如此。

第五节　新媒体运营方法论

从互联网到移动互联网，新媒体的发展发生了翻天覆地的变化。国内主流用户经过20年互联网的洗礼，变得更加成熟。自1995年首个门户网站雅虎的出现，到1999年谷歌诞生，再到2004年脸书的推出；从门户网站，到搜索引擎，再到社交网络，新媒体的发展在各阶段有着清晰的脉络可寻。

☞ 实践出真知，坚持到底才是胜利

这也许不是方法论，而是通向成功的唯一途径。所有的进步都源于实践，也唯有实践才是检验真理的唯一标准。通过实践才能实现企业的目标和想法。想法很多，不落地执行，结果就是零。

运营之初，一切以结果为导向。

有想法，强执行，那么剩下的就是坚持了。企业新媒体建设的唯一方法就是策划，推广，再推广，周而复始，直至达成既定目标。无论是企业管理者还是新媒体运营相关人员，做好新媒体运营都需要非凡的耐心。

历史上的绝大多数成功都不是先说出“我要成功”，然后才成功的。那些成功的企业和创始人，如果二次创业，同样也会喜忧参半，如履薄冰。现在看到的所谓成功企业、成功案例、企业领袖，都是“剩者为王”，在做了很多事情之后，侥幸活了下来。失败了，大家回过头来总结、归纳出一些成功经验。这其中有多少艰辛、多少侥幸，当事人心里才最清楚。

☞ 好的标题等于成功了一半

企业新媒体发展过程中，起标题的能力可以说至关重要。大到是否有一个朗朗上口、一看就能红的企业新媒体品牌名称，小到微博、微信公众号里的一篇文章标题，都需要仔细推敲。企业新媒体若能持续输出好标题，几乎就等于成功了一半。这里说的好标题，不是“标题党”，是真正意义上能吸引用户的优秀标题。

当前，自媒体水平良莠不齐，个别自媒体自律性也较差，起标题可以说完全贯彻了“语不惊人死不休”的原则，离题、跑题、文不对题，博眼球、博出位、打擦边球，无所不用其极。在这样的导向下产生的标题，自然不是什么好标题。

企业新媒体运营队伍中有高水平人才，能承担起所有标题的拟订工作再好不过，否则，还是踏踏实实地不断练习才是正确做法。笔者在做新媒体运营之初，经常的做法是：运营组里每人起 3 ~ 4 个标题，然后在微信讨论组或会议室一起讨论，选出最佳标题，再反复推敲、修改、完善，最后才做推送或发布。这段历程是每一个新媒体运营者的必经之路，也是日常工作内容之一。

锤炼好标题还有一个方法，就是开一些“马甲”号。实际上，“马甲”号也是新媒体运营的必备策略。选择标题时，可以先同时在几个甚至几十个“马甲”号上用不同标题推送，选择反响最好的一个，反复推敲之后，再在主号上推送。

很多新媒体平台都有较为精准的实时访问数据，运营人员每天要关注这些数据的变化，知道账号每天的点击数上升时间曲线。同一时间段内，在“马甲”号做推送后，如果很快超出日常平均值，就是一个值得关注的标题。这里需要提醒的是，不要说你不知道每个账号的数据指数。烂熟于心，才能做好运营。

☞ 有大格局的数据分析

说到数据，上面所提到的对账号点击数据的分析很重要，也相对简单，运营层面的数据分析则相对复杂一些。

数据分析不仅是对自己所运营新媒体的主要运营指标进行分析，还涉及对行业数据的分析，包括行业规模、主要产品的销售情况、竞争对手的销售数据等。行业数据的分析更具全局性，它有助于企业看清自身所处环境，进而做出最佳决策。

竞争对手的数据分析同样要做好。对竞争对手策划的活动，要有所了解，而且能有多深就做多深。从表面的呈现形式到活动流程，从参与用户的情况到目标用户的偏好，从对方运营人员对于活动策划、设计风格的偏好，到活动的最终效果数据等，都是要密切关注的对象。如果再深一些，打听一下竞争对手主要负责人的情况更好。“知己知彼，才能百战百胜”，这句话，在任何时代都有道理。

☞ 坚持再坚持

不管做得好还是做得差强人意，都不要放弃学习和总结。新媒体运营每天都要学习。看阅读量“10 万 +”的文章的标题和内容，看同类的排行榜，看热榜，看竞争对手的动向，看热门的话题，看跨行业的资讯，然后复盘好文章的标题策略，分析其中的内容亮点。如果有可以参考的思路，随时发起小组讨论，然后拟定相关选题，加以落实，在未来几天进行推送，验证自己的想法。然后根据数据和活跃用户反馈，做出总结。

☞ 拓展资源和人脉

从企业维度拓展行业资源，从新媒体运营维度拓展人脉，是新媒体运营者必须做好的事情，这对企业新媒体的发展有很重要的促进作用。

拓展行业资源，可以在企业发展到一定阶段后，帮助企业获得相应的行业地位。名不见经传的企业，在未来将寸步难行。

拓展人脉包括沉淀活跃用户、拓展潜在的合作伙伴、各大媒体和企业的新媒体运营人员、关键意见领袖、媒体编辑记者等。有了这些资源，有助于企业在开展线上、线下活动时，顺畅地开展深度合作，真正让资源成为发展的助力。

沉淀活跃用户的最好方法是建立社群。很多人认为建立社群之后需要大量精力来维护，其实不然。一个超过300人的社群，如果管理得当，是可以实现自组织状态的，作为群主和发起者，每天并不用花过多精力，只需要在群里“热闹”十几分钟就可以。

建一些由活跃用户组成的群，在群里直接销售新品或推出打折信息，也都是可行的。只要每次推送的内容不是灌输式的说教，而是有让利、对用户有价值，相信多数用户是可以接受的。

另外，活跃用户的社群也可以成为最好的企业新媒体传播阵地。一个能吸引用户转发的策划，发布到若干个群里，一次就引爆行业圈也不是不可能。

再有，做社群运营不可或缺的方法之一就是发红包。无论是活跃气氛，还是配合推广，一定价值的红包是企业新媒体运营之初就需要考虑的事情。

☞ 与用户做好朋友

企业建设新媒体，可以从与用户做个可以分享的“好朋友”开始。不要以企业官方的身份自居，平易近人更容易赢得用户的好感。新媒体运营者平时可以多看一看用户在新媒体平台上的留言、评论，对于言之有物的留言和评论，可以聊几句，做一个意见交流；遇到投诉，则快速协调公司相关部门人员，以便及时解决问题。

通过与用户的真实交流，新媒体运营者或许可以发现意想不到的思路。新媒体运营者眼中的企业，所认为的企业新媒体形象，往往跟用户怎么看企业，怎么看企业新媒体，可能完全是两回事。不与用户交流，新媒体运营者永远不会发现其中的差异。当企业新媒体运营者与大多数用户达成一致，对自己品牌有共同的看法时，成功就指日可待了。

☞ 把钱花在用户心里

在移动互联网时代，用户与用户之间是连通的。为了引发用户的分享传播，最有效的还是利益驱动。支付宝在春节期间推出的“集五福，抢红包”就是一个很好的案例。2017 年 1 月 27 日（除夕）晚，支付宝公布了为期两个多月、价值 2 亿元的这一超大项目的最终结果：在所有参与者中，共有 1.68 亿人集齐“五福”。舍得两个亿，换来支付平台数以亿计的活跃用户，支付宝的这一活动可以说非常划算。

支付宝的案例告诉我们，在企业新媒体运营遭遇僵局时，可以考虑用直接奖励进行突破。不能将真金白银的活动奖励简单地理解为“烧钱”，难道不做活动，企业就不用打广告了，不做营销推广了？

☞ 什么火，“玩”什么

这条主要有两层意思。

首先是要有选择地跟进热点。借势造势是运营中的重要因素。选择与企业品牌特性接近的热点，参与进去，找到企业植入的位置，甚至不需要每次都把企业品牌硬生生地植入文案中。你带火的话题，用户会记得是哪家新媒体发起的，也会记得是哪家企业，不用担心会被遗忘。反倒是那些每次都迫不及待地把企业产品和品牌强行植入到文案中的策划，才需要担心自己会被用户忽视。

其次是新玩法一定要快速跟进。H5 火的时候，大家都以转发一个好玩的 H5 为荣。此时，企业新媒体还等什么，策划一个包含企业或产品元素的、符合用户转发习惯的 H5，在自己的新媒体推出后，关键意见领袖、各种渠道跟进铺开，一次爆款传播就形成了。例如，在年度结束时，各种总结不可避免，那么，策划一些有趣的关键词总结、自动生成图片的小程序，推送到微博、微信朋友圈里，玩的人多了，大家是不会忘记提供这么好玩的产品的企业的。

其它新玩法还包括短视频、VR、直播、网红经济，都不可忽视。明星或网红通过直播平台卖产品已经不是什么新闻。专家型网红对于专业产品的销售显然更具推广效果。企业新媒体能否在用户最关注的时候置身其中，就需要企业结合自身情况作出判断了。

☞ 以人为本

这里的以人为本，就是要以用户为中心。新媒体要围绕目标用户展开运营，服务于用户，而不是以自我为中心。在新媒体传播中，一定要时刻针对目标用户，围绕目标用户的需求开展工作，不能因为追热点或者数据指标的压力而有所偏离。“地在人失，人地皆失。地失人在，人地皆得。”以人为本，就要做到将企业提供的产品或服务与用户的需求始终保持一致。

不管企业发展到哪个阶段，创新出什么产品，有认同企业的用户，有购买，有持续的消费，企业发展才能获得源源不断的动力。

☞ 选择适合企业特性的平台

众所周知，每个新媒体平台都有自己独特的用户群，这与平台的运营定位和用户基础有很大关系。企业在开展新媒体建设时，选择几家对自己发展最有利的新媒体平台，能起到事半功倍的效果，运营时也会更加得心应手。

选择平台时，要采用“1 + N”模式。1 就是主阵地。企业要把主阵地放在微信还是微博，头条号还是知乎，正如前文所说，需要结合企业实际做好定位和架构。N 就是新媒体矩阵。有的平台要重点维护，有的安排常态更新即可。另外，这种模式下，还可能会有“东方不亮西方亮”的意外收获。

☞ 不要“广告”

用户对毫无价值的广告是非常抵触的。正如前文所说，现阶段用户更容易被利益打动。如果企业需要用广告传递信息，那么策划的广告一定不能生硬，而是要达到润物细无声的境界，更重要的是，要对用户有一定价值，否则，哪怕用户被标题所吸引，企业最终得到的，也是马上失去用户关注这一恶果。

一些新媒体平台对广告的处理方式值得学习。如微信公众号“黎贝卡的异想世界”发布的一些文章，都是经过精心策划的内容，用户在阅读中，不知不觉地被引导，然后看到一个非常应景的广告植入。这样的处理，用户不会觉得被冒犯，反而乐于接受。新媒体广告要的是“吸引”，而不是让用户被动接受。

即便是一篇软文，通过适当的背景渲染及故事叙述加以引入，在适合植入的段落，用技巧性的语言表达清楚，用户看到后也是乐于接受甚至转发的。这里需要提醒的是，千万不要低估用户的智商。也许 90% 的用户不那么敏感，但如果你的文章冒犯了余下这 10% 的用户，一定会得不偿失。更何况，往往是那些真正读懂了的用户才更具影响力。

☞ 送给用户一段美好的阅读时光

轻松愉快的阅读，这个体验会让用户欲罢不能。优美的文字、触动心灵的内容、让用户会心一笑的浏览体验，也是新媒体运营需要注意的好方法。短视频是典型代表，从几秒到几十秒的视频、出人意料的内容，让围观的“吃瓜群众”看得不亦乐乎，评论、点赞都是小事，转发传播也不在话下。

不同新媒体平台都有其自身的独特性，应有针对性地开展不同形式的策划和传播。新媒体运营需要恪守的原则并不是不能触碰的底线，而是需要运营者结合企业的实际情况，加以融会贯通。如果新媒体运营能协调好企业内外部关系，在把握基础原则的前提下，处理好每个细节，相信每一次传播，都会是一次有成就感的工作。

基础的方法论总是相通的，这些方法在未来的新媒体平台上仍然会发挥作用。运营有方法论，但最终要忘掉方法论，眼中有用户、手中有用户的企业，才能够在未来生存。

第三章

细节决定成败

○给用户画像

○如何打动用户

○转化分析

○数据驱动精细化运营

○看懂数据

第一节　用户画像

用户画像是企业潜在和真实用户的缩影。在企业新媒体运营的全生命周期中，用户画像有着非常重要的作用。用户是谁？用户需要什么？哪些渠道可以接触到用户？哪些是企业的种子用户？如何让用户沉淀下来？这些问题无不深深困扰着企业。

☞　用户画像的作用

用户画像可以简单理解为解析用户海量数据后打出的标签，或者说是根据用户的目标、行为和观点的差异形成的人物原型。用户画像可以实现“以用户为中心”的目标。当问题有不同的解决方案时，最接近用户画像的方案理应获得更多的支持。通过对核心用户生活形态的分析，企业可充分了解用户偏好。对细分核心用户的行为分析，可帮助企业制订合理的新媒体运营和营销方案。具体而言，用户画像可以在以下几个方面发挥作用。

（1）实现精准化营销。用户画像显现出用户的喜好及需求属性，可使企业在与用户的点对点交互中，精准地匹配个性化的业务内容。因此，企业新媒体的早期内容策划和推广，可以围绕用户画像全面展开。

（2）数据挖掘。通过数据挖掘，可准确识别目标用户的场景和行为特征，找到真正的核心用户群。结合过去的画像数据及对未来画像数据变化的预测，对用户数据做关联挖掘，可驱动企业精细化运营。

（3）改进产品、完善新媒体产品运营、优化用户体验。

（4）拓展高端定制服务，开展个性化服务。

（5）用于行业报告与用户研究。在企业独立或联合发布的行业报告中体现用户画像。

（6）让运营动作有凭有据，不再是主观上的决策和判断。

☞ 用户数据的构成

大数据时代，用户数据的使用成为企业发展的重中之重，就用户画像而言，其基础数据包括以下几个方面。

（1）网络行为数据。包括活跃人数、访问/启动次数、页面浏览量、访问时长、下载量、激活率、渗透率、访问来源、页面停留时间、访问深度等。

（2）网站内行为数据。包括页面浏览次数、页面停留时间、直接跳出访问数、访问深度、进入页面、跳出页面、跳出率、浏览路径、评论次数等。

（3）用户内容偏好数据。包括使用 APP/网站登录的时间/频次、浏览/收藏内容、评论内容、互动内容、用户生活形态偏好、用户品牌偏好、用户地理位置等。

（4）页面分析数据。包括访问量、点击率、热点图、人均流量页面、停留时间、关联跳转等。

（5）用户体验数据。包括跳转率、关联标签点击情况、页面转化、用户流失率等。

（6）渠道数据。包括渠道来路、点击访问量、人均访问页面、停留时间、转化率、跳出率等。

（7）APP 流量分析。包括访客活跃度、留存率、注册率、新增登录、活跃时段、地域分布、APP 版本、终端类型、启动次数、访问时长、活跃度等。

（8）用户交易数据。包括客单价、回头率、流失率、交易数据、交易频次、贡献率、连带率、促销活动转化率、唤醒率等。

☞ 如何做用户分析

用户的背后其实是数据，进行数据分析可以从以下几方面着手。

数据来源

数据来源包括企业自有数据和外部数据。自有数据包括企业销售数据、网站注册数据、交易数据、活动数据、APP 数据、商品数据、客户关系管理（CRM）数据等。外部数据包括研究机构数据、媒体数据、运营商数据、电商平台数据、移动互联网平台数据等。所有可以被收集到的相关数据都可以用于构建用户画像，完善企业对用户的理解。

数据收集

给用户画像首先要做好数据收集。企业通过对获取的大量用户数据进行分析处理，构建用户画像，就能够策划出抓住核心用户需要的新媒体账号和企业自媒体账号。借助用户画像，寻找精准目标用户，再围绕目标用户展开经营，有助于企业尽快实现既定经营目标。

在数据量不大，用户画像比较初级的情况下，通过筛选、归类、整合，对用户做属性归类，然后确定用户基本画像。这种方式虽然有其不足之处，但是在产品还未推出或数据量不够大，运营还未进入深度精细化阶段前，对用户画像的初级处理能避免很多决策过于主观。

这一过程的数据收集常采用的方法是用户访谈，尤其是深度用户访谈，极为重要。每个人对于用户的理解都会包含一定的主观因素。做一些深度的用户访谈调研，能够帮助新媒体运营者真正了解用户的真实想法。访谈中可针对用户画像设计一些闭合问题，而如果需要深入了解用户的真实想法，开放式的提问更可能会有意想不到的收获。

在数据量积累到一定程度，用户画像较为精细的情况下，就需要采用一些用户画像工具做数据整理了，这就需要用到各种算法，建立相关模型，在此不一一赘述。

对用户的行为进行动态跟踪也是数据收集的一项重要措施，主要包括对场景、媒介、访问行为的跟踪。

场景跟踪主要包括对访问设备、访问时段的跟踪。如果是移动设备在上下班时间登录，可以理解为用户多在早晚高峰的碎片化时间访问。如果是 PC 端在上午时间段登录，则说明处于工作状态的用户较多。

构建用户画像必须从业务场景出发，解决实际的业务问题。确定企业新媒体定位，获取新用户，提升用户体验，挽回流失用户等有明确的目标。用户画像的数据要有取舍，并不是越多越好。不能为了画像而画像，这样会投入精力巨大但收效甚微；也不能敷衍了事，根本不切入问题本质，用户画像的维度和设计原则都要紧紧围绕业务需求。

媒介指某一时段用户具体访问的新媒体账号、官网、APP。要关注用户访问网站多还是访问移动端 APP 多，什么时间段的访问最密集，有效的外部引入渠道是哪些，在零推广状态下用户购买更多发生在 PC 端还是移动端，在微博等社交媒体上的爆款传播最终带动了哪些指标提升等问题。

访问行为指用户进入网站、APP 后的各种操作。要关注用户从哪里来，最喜欢做的事情是什么；转化率最好的页面和产品是什么，有什么特征；跳出率最高的页面是哪些，为什么。收集访问数据，评估用户访问行为，会为最终建立用户画像模型提供必要的依据。

用户画像最核心的部分是给用户“打标签”。在实际运营中，企业的大多数产品和服务都是聚焦于某类特定人群。对于不同的受众群体、不同的企业、不同的目的，用户标签往往各有侧重，应该具体问题具体分析。

另外，通过以上方法收集到的数据未必百分之百准确，需要在整理时剔除无效数据。

数据分析

获取数据后，需要对人群进行因子和聚类分析，不同目的分类依据不同。例如，对于产品设计来说，按照使用动机或使用行为划分是最为常见的方式；对于营销类媒体来说，依据消费形态来区分人群则最为直接。

数据挖掘是最为常见也是较为精准的一种分析方式。如果数据有限，则需要定性与定量分析相结合。其中，定性分析的方法有小组座谈会、用户深访、日志法、阶梯法、透射法等，主要是通过开放性的问题了解用户真实的心理需求。

根据特征值对群体进行定义，有助于企业清晰掌握该群体的特性。

最后是理解用户，完善用户画像。人物角色是用户研究结果的具象化，基于对用户认知的统一，可以大大提高团队的工作效率。

需要指出的是，随着企业的发展和企业新媒体工作的开展，数据的积累和沉淀会越来越多，因此，用户画像并非一成不变，而是要根据数据的变化进行持续的优化，才能使企业始终紧跟用户需求，立于不败之地。

第二节　如何打动用户

做企业新媒体运营，不可避免地要与用户打交道。因此，企业要深入研究用户，通各种新媒体手段和方法，更好地与用户互动，用内容打动用户，使其产生认同，参与到企业的传播活动中。

企业与用户虽然仅隔着一方屏幕，但是在年龄、空间、情感、思维、价值观、行为特征等方面，都有着显而易见的距离。通过对用户行为的观察和研究，对用户画像的准确刻画，企业可以对用户保持敏锐的嗅觉。

让用户感受到企业的存在，与用户成为朋友，就像人与人之间的交往要相互信任一样，有温度的运营才能真正获得用户的心。

☞　价值发掘

在获取用户之初，企业的自我价值发掘非常重要。企业对用户的价值是什么？有时，企业的价值在于为用户提供高质量的产品；在另一些场景，企业的价值也许来源于对用户非常贴心的专业服务；而面向“85 后”“90 后”群体，这种价值则可能更多体现为对用户心理上的支持。

☞ 用户认同

用户为何会认同你而不是你的竞争对手？他们凭什么觉得你有用？这些问题都需要通过与用户对话来解决。对话的方式多种多样，如直接线下沟通、通过公众号推送内容、微博互动、在新闻客户端推送精心策划的文章等。

要获得用户对企业的持续关注，需要付出艰苦的努力。

首先，为核心用户提供良好的交互感受。也就是为用户提供一体化的、完整的交互体验。

其次，为用户提供极佳的过程体验。不要为了商业利益，短视地伤害用户。如果想在竞争中胜出，底线是要时刻保持对自己服务的警惕和小心翼翼，避免用户转网，实现用户对企业真正、长久的忠诚。

最后，为用户带来难以抵挡的价值，并通过大数据分析保持对核心用户群的吸引力。这也是传统企业必须快速学习并掌握的核心能力。

☞ 展开对话

为了更好地打动更多用户，企业需要先抓住产品的核心用户。通过组建社群或非公开讨论组，与核心用户展开对话，加深了解，进而探知准确的使用场景，充分把握客户需求。

☞ 打动用户

要打动用户，首先要打动自己。最简单的就是自己体验产品，从第三方视角发现产品中存在的问题及核心需求点。如果输出的产品连自己都无法打动，更何况用户，产品的市场前景一片黯淡将是大概率事件。

☞ 抓住关键人群

一般而言，如果想牢牢地吸引住一个群体，最有效的方法就是抓住这个群体中的关键意见领袖。新浪博客、微博的经营都运用了这样的策略。企业产品受到用户追捧的背后，是关键意见领袖的舆论带动和行为表率作用。因此，关键意见领袖的认可至关重要，企业要努力与之达成相互间的尊重和认同。

除了获得关键意见领袖的认同，对数据进行专业化挖掘同样十分重要。为用户“建档”，能保持对核心用户群的持续吸引力。要对客户数据进行长期积累，这些数据包括姓名、住址、电话、职业、家庭成员、个性爱好、购买趋向、产品价位、偏好、流行时尚等。这些数据经过挖掘，对于整个产品的设计、销售、客服、物流都将提供有力的决策支持。

☞ 创意

创意是第一位的，用精心策划的内容体现出诚意，只有这样才能打动用户。企业可通过公众号文章、H5、图片、微博，在与用户的每一次对话中，为用户提供有用的信息。

☞ 用户推荐

用户推荐是一种非常好的拉新方式。市场调查结果显示，相比媒体的投放广告、编辑推荐，用户对来自朋友的推荐信任度最高。通过产品界面及文案引导驱动用户推荐朋友使用产品，这对于新用户的增长意义非凡。

朋友间都在使用同一产品，会让用户对产品的依赖程度达到最大。苹果手机用户就是最好的例证。往往在一个圈子或同一个办公室，大家都在用最新款的苹果手机，唯一不同的只是手机壳。

另外，值得一提的是，通过朋友介绍过来的用户不仅转化率高，而且比直接拉新用户的成本也低很多。但即便如此，在拉新时，也一定要认真核算新增用户成本。

要与用户“做朋友”。交友交心，与新媒体用户的交流也应如此。对比海量的粉丝数，有小部分人认同企业品牌和产品的天使用户和核心用户价值更高，因此，对于这部分用户，要多与之交流，听取他们的意见和建议，建立良好的关系，成为他们的朋友。

做有效营销。一些企业的营销策划很火爆，但没有对企业产生实际促进作用。例如，有个别互联网企业与日本 AV 女星合作，期望利用其眼球效应，获得用户的关注。在大多数情况下，这种方法只能博得一时的轰动，企业自身发展并无甚获益。这种与企业自身品牌和业务毫无关联的撩动用户，实则是无端的浪费。

第三节　转化分析

“卫龙辣条”的神奇崛起之路，应该让许多企业都有所启发。肮脏、低廉、小作坊、垃圾食品、地沟油、街边摊贩及上不了台面等，这是消费者对辣条的传统印象，但在接触了卫龙之后，人们才发现，从质量到口碑，从品牌到影响力，以往的认知完全被颠覆。

从小作坊到年营收过亿的公司，卫龙用亲身经历告诉我们，这中间仅仅隔着一个新媒体的距离。在企业新媒体运营中，运营者需要充分调动用户的主观能动性。转化分析是用户能否留存下来并产生价值的关键。

☞　企业新媒体运营的复杂性

企业新媒体与传统媒体对运营的要求显著不同。企业新媒体的商业诉求更为直接、清晰，需要将用户转化为客户并持续这一过程。除了拉新和促活这两项基础工作，企业新媒体还要考虑内容引入、渠道引入、到哪里去、看什么、最后期望用户做出什么样的行为、实现售卖还是实现传播等一系列问题，比传统媒体的运营更为复杂。

企业新媒体不管是做内容还是做电商，实质上都是销售渠道的新入口。除了购买产品对企业带来的价值，用户价值还体现在产品改进建议、口碑传播，以及关系链延伸中，这就决定了企业新媒体运营的复杂性。

一般来说，企业新媒体运营需要重点思考几个问题：一是拉新之后，如何将新用户转化为活跃用户；二是如何重新吸引流失用户；三是如何激活沉默用户；四是如何保持用户的活跃度；五是如何将活跃用户转化为企业的产品用户。

☞ 如何提高用户转化率

企业为了寻找目标用户，可谓不遗余力，甚至会选择付费渠道进行广告投放。不管是通过企业自有的新媒体矩阵传播，还是付费的渠道推广，都会涉及效果评估，其中很重要的一项就是转化率。

怎样让用户更好地使用企业的产品，更好地提高用户转化率？转化分析必不可少。用户从喜欢阅读内容，到长期购买企业产品，需要经历一个长期的沉淀和积累过程，成功转化不可能一蹴而就。

优质的流量来源是保证转化率的关键。一个卖体育用品的平台，如果通过一些小说网站导流，转化率自然不会有多高。

在保证优质渠道来源的同时，也要做好新媒体产品的优化。用户体验好、购买方式快捷，都有助于提高转化率。用户的访问层级越多，流失的用户就越多，这点无论在内容阅读还是在促销上都是一致的。

测试渠道导流能力需要衡量很多数据指标，如跳出率、停留时长、浏览页面甚至成交量等。但是，对这些指标要综合考量。可能一个渠道的跳出率并不高，但最终的成交量很低。这说明用户没走，但没促成交易，这种渠道的价值需要重新衡量。相反，那些跳出率较高，但用户购买行为也较多，并有较高回头率的渠道，对于企业来讲更有价值。

我们需要将渠道与转化数据关联在一起进行分析，无论这个渠道是企业自建的还是外部的付费推广渠道。

转化分析时需要观察一些指标，例如注册量、下单量等，还可以观察一些用户行为，如收藏了商品、点赞、查看了评论等。用户的行为越多，转化越多，就越可能留存下来。

在渠道流量监控过程中要留意恶意流量，需要将其和优质流量区分开来。恶意流量总会有一些特征，例如，一部分人在一段时间里集中访问、硬件设备比较固定、使用特定的浏览器等。

☞ 转化流失的原因

分析转化流失的原因，要注意重点，就像关注长尾曲线的头部一样，很小区域聚集了大量的用户。流失原因包括：内容吸引力不够，使用过程被打扰或冒犯，需求不匹配，产品功能/服务/商品不合预期，体验不好等。出现问题就需要排查原因，抓大放小，按优先级逐个解决。

转化分析是一项系统的工作，涉及企业产品运营的各个方面。提升转化的前提是对转化步骤进行充分分解，从流量的源头开始评估，借助多维度数据对问题进行确认，进而形成优化方案并组织实施。

第四节　数据驱动精细化运营

在数字化时代，企业的新媒体也需要精细化运营。

所谓精细化运营，是一种在常规运营基础上，以尽可能减少运营所占用的资源和降低运营成本为主要目标的运营方式。执行精细化运营的企业，会细分市场和客户，全面、准确地把握市场变化和客户需求，制定出行之有效的策略，最终实现用户转化。

数据分析是精细化运营的驱动力。在新增、活跃、留存、转化、收入各个环节，流量、推广、用户管理都可以进行数据化运用。通过对用户数据的分析，企业可准确地了解用户的兴趣，然后根据分析结果确定运营方案。在此基础上进行精细化运营，不仅可以提升企业的运营效率，也会减少成本支出。对企业而言，这种精细化运营的好处在于可形成一种根据用户需要而打造的新的驱动体系。

只有在充分了解自身及用户的情况下，精细化运营才能顺利开展。

在企业新媒体运营之初，企业相关人员就要将数据分析提上日程。这里说的企业新媒体包括公众号、微博、APP、电商网站或微店等。每天都要关注这些平台的各项数据，并对其进行分析。

☞ 用户来源分析

企业在新媒体运营中，要分析用户的来源渠道。要了解用户是从微博、微信、论坛还是 APP 来的，从而帮助企业不断调整推广方式和渠道策略。

☞ 了解用户关注什么

在新媒体运营中，分析点击量高的文章和页面，分析分享、转发量高的文章的标题、内容和活动页面的各种触发点，这些数据可帮助企业认清用户喜好，有效找到用户的兴趣点和内容偏好，以便及时做出调整。有余力的企业，还可以投入资源，有针对性地进行大量的策划与推广，促成传播短期、集中地爆发。

☞ 用户数据挖掘与积累

随着企业拥有越来越多的用户数据，就可以利用这些数据分析用户属性并进行行为画像，以便有针对性地开展运营活动，扩展企业业务。也可以进行小流量的测试，根据反馈结果决定下一步策略和执行方案。

☞ 有效激活用户

怎样激活老用户及与用户更好地沟通，几乎是所有企业都倍受困扰的事情。运用大数据技术，对用户全生命周期进行挖掘，可以对处于不同阶段的用户进行标签化管理，及时把相关信息推送给合适的用户。

☞ 异动监控

企业进行数据建模，对收集到的数据进行分析，可以快速发现市场异动，并及时加以解决。如果用户在APP注册过程中多次提交失败，就需要检查系统某个环节是否出现问题；如果突然出现大量用户流失，就需要自查近期的推广策略、产品质量等多个环节。对于数据异动的关注，也能帮企业做好舆情预警，为企业提供有价值的参考意见。

企业可以通过对流量指标变化趋势的评估，预测本企业新媒体的发展态势。

微信公众号的内容运营数据比较简单，文章的阅读量、转发量及转化率是基础指标，要考量这3个指标的周数据、月数据及季度数据的变化。同一指标在不同的时间段和不同背景下，代表的意义不同。通过周数据和月数据的对比，可以了解到行业、用户关注点有哪些不同。

如果公众号推送的文章是两条以上，在内容同质化的情况下，通常头条的点击率要远远大于第二条及其之后的文章。

网站流量分析主要包括对页面浏览量、通过互联网访问、独立访客（UV）、人均浏览量、页面停留时间、访问来源、流量入口、关键词等的分析。访问来源包括直接访问、外链、搜索引擎和社会化媒体等。

广告分析一般包括广告来源、广告内容、点击、弹窗和获客成本等，可以通过多维度的分析来优化广告投放。

涉及不同平台的运营情况判断指标也有所不同：Web端主要看访问量、浏览量和独立访客；APP主要看启动次数、DAU（日活跃用户数）、NDAU、用户平均访问时长、平均一次会话浏览页数（即访问深度）和跳出率等。通过这些指标可以判断用户的活跃度。

可以从多个维度来对比不同渠道的效果，例如从新增用户、活跃用户、次日留存率、单次使用时长等角度对比不同来源的用户质量。

APP 运营最需要关注的是用户的核心转化率，这在游戏 APP 里被称为付费率，在电商 APP 里叫购买率。将该指标与行业平均水平进行对比，可以了解自身在行业中所处地位。此外，通过长期的数据监测还可以评判不同版本 APP 的优劣。

用户使用时长是监测用户活跃度的重要指标，用户使用时间越长，意味着 APP 平台活跃度越高，反之亦然。如果用户使用时长与预期偏差很大，这时就需要思考如何调整产品以更好满足用户需求。

对于上线一段时间的产品，有时会添加新功能。新功能上线后，需要评估其是否满足了用户的核心需求，能否给用户带来价值。如果使用率较低，则说明该功能并没有很好地解决用户问题，需要对其进行调整。

每个用户都有自己的内容偏好，对用户访问的文章数据进行统计，可以很清晰地反映出用户对哪些内容更为青睐。如果企业根据用户的精细化数据分析结果进行内容推送，效果自然会更好。

总之，依托数据进行运营，会让企业的新媒体更加精准。新媒体运营人员同销售人员一样，是距用户最近的人，如果通过合理的数据挖掘，让他们更清晰地认识用户、了解用户，企业的新媒体运营将更加有效，这在一定程度上也更好地提升了企业的竞争力。

第五节　看懂数据

企业的新媒体运营离不开数据。基本运营情况、用户画像、转化分析、促销活动分析、年度/月度数据分析等，都需要企业管理层和新媒体运营人员充分理解各类数据指标的含义及价值。

数据可以清晰地描述过去发生了什么，现在正在发生什么，未来可能发生什么。数据分析的目的是为企业的业务发展答疑解惑。如果只掌握数据，却不分析数据背后的原因，那么就可能分不清主次，从而忽视了真正有价值的信息。

其实，研究数据的真正意义是要看懂数据背后的那些“人”。企业无论是提升销售数据，还是推广品牌，最直接的对象就是用户。除了新媒体互动和社群，企业能够判断用户需求的只有手中的数据。

企业在新媒体、网站、APP 等方面的运营涉及非常多的数据解读和分析，从基础数据的直接解读到套用各种算法后的报表，很多企业家并不懂这些新数据代表的真正意义和价值。

想从构建企业新媒体活动中获得发展红利，企业管理层就要清楚新媒体的价值，并对数据背后的秘密有所了解。只有这样，才能更好地制定和实施好企业的“新媒体＋”战略。

数据分析是企业新媒体运营的加速器。企业的新媒体运营人员要养成基本的数据跟踪习惯，掌握微博、微信、移动端APP、新闻客户端与网站、用户、广告的基础数据指标。

☞ 企业官方微博、微信数据

微博

微博信息数：每天/每周/每月发布的微博数量、原创数量、互动转发数量（条/天）。

阅读数：微博推文即时阅读数。通过一段时间的回顾，可以看到哪些推文的阅读量更高。阅读量高的文章题材，如果符合企业新媒体定位，不妨多一些关注。

转发数/平均转发数：每条信息的转发数之和/信息总数量，一般计算日平均转发数或月平均转发数。平均转发数、评论数、粉丝总数和微博内容质量相关，粉丝总数越高，微博内容越符合用户需求，转发数和评论数就会越高。

评论数：用户评论数量可以看峰值和平均值，体现的是内容质量和活跃度。

点赞数：可以看峰值和平均值，体现内容质量和活跃度。

微信订阅号

粉丝量：总关注数、新关注数、取消关注数及净增关注数。总关注数体现出账号的影响力、近期内容质量和近期推广活动的效果。取消关注数波动很大，往往与内容质量下滑或促销推广活动结束有关。

互动量：体现活跃度和内容质量。用户在微信上的互动数量指标包括留言次数、主动联系管理员的次数等。

微信服务号

根据提供服务的不同，服务号有不同的判断指标。例如：注册用户、日新增注册用户、总注册用户、活跃用户、日订单量及日客户单价等。这些指标可以看出销售总体发展趋势、近期营销活动的推广效果及广告引流效果等。

☞ 企业 APP 数据

企业自建 APP 主要有电商和产品两类：电商类 APP 直接促成销售，构建移动端电商渠道通路，可以打通所有中间环节，直面终端用户；产品类 APP 则是企业策划的满足用户某项需求的内容型或功能型的 APP 产品。

通过统计启动次数、日活跃用户数量、平均访问时长、访问深度和跳出率等数据，可以判断企业 APP 的用户活跃度。

对于 APP 分析，需要考虑分发渠道和 APP 版本等因素。在运营企业自建电商或者产品 APP 时，需要时时监测异常数据，留意用户“痛点”。一款产品会有很多功能，用户的体验就建立在这些功能之上。每一个功能点的用户体验都是产品运营成败的关键。如果某个重要的环节流失率高，那么通过推广、换量，甚至广告付费换来的用户就会白白流失，甚至可能造成很坏的口碑传播。

发送验证码是其中一个关键的转化节点。当点击重新发送的次数激增时，可能意味着注册环节出现问题，用户无法及时收到手机验证码。还有一些功能按钮的使用量极低，就需要思考这个功能设置是否有问题，如果是必要而且有价值的功能，那么思考是否应换一种产品处理方式。如果被多方验证是鸡肋功能，则要进一步弱化、简化。

APP 用户数据主要包括活跃用户、活跃率和用户留存率。

日/周/月活跃用户

企业 APP 涉及的垂直领域不同，活跃用户数差别很大。衡量一款 APP 的价值不能简单地根据活跃用户数量多少下定论。例如做企业家社群的 APP 和做“90 后”兴趣社交的 APP 相比，虽然同样是 10 万活跃用户，但企业家社群 APP 的价值显然要高很多。

活跃用户数体现 APP 的市场体量，要评估其是否在正常范围，具体方法如下。

（1）日活跃用户。指某个自然日内启动过应用的用户，该日内的多次启动只记一个活跃用户。

（2）周活跃用户。指某个自然周内启动过应用的用户，该周内的多次启动只记一个活跃用户。这个指标是为了查看用户的类型，如轻度用户、中度用户、重度用户等。

（3）月活跃用户。指某个自然月内启动过应用的用户，该月内的多次启动只记一个活跃用户。

活跃率

活跃率衡量的是 APP 产品的健康度。不同 APP 产品的用户需求有高频和低频之分，其活跃率也有差异。用户运营的重要职责是监控活跃率的变化并设法提升它。

渠道投入、资源推广、爆款传播后新增用户数量暴涨，会带动活跃数的上升。此时，统计过程中可以剔除当月新注册用户，分析往期老用户的活跃率，以此来衡量 APP 用户的活跃程度。具体方法如下。

（1）不活跃用户。有一段时间没有打开产品，但还没有达到沉默的时间周期，可归为不活跃用户。

（2）流失用户/沉默用户。根据企业 APP 产品的用户需求频率不同，设定一个时间周期，超过此周期未访问和登录，即为沉默用户。

（3）流失用户/沉默用户激活。通过针对性策略，促使沉默用户再次访问 APP，称为沉默用户激活。

用户留存率

用户留存率是指在单位时间内符合有效用户条件的用户数在实际产生用户量的比率。留存率 = 留存量/实际量，具体包含 5 个方面。

（1）次日留存率。次日留存率 =（当天新增的用户中在第 2 天还登录的用户数）/第 1 天新增总用户数。结合新用户引导设计和转化路径分析流失原因，通过不断地修改和调整营销策略，以降低用户流失，提升次日留存率。通常，这个数字如果达到了 40%，就表示产品非常优秀了。

（2）第 3 日留存率。第 3 日留存率 =（第一天新增用户第 3 天还登录的用户数）/第 1 天新增总用户数。

（3）周留存率。周留存率 =（第 1 天新增的用户第 7 天还登录的用户数）/第 1 天新增总用户数。在这个时间段里，用户通常会经历一个完整的使用和体验周期，如果在这个阶段用户能够留下来，就有可能成为忠诚度较高的用户。

（4）月留存率。月留存率 =（第 1 天新增在第 30 天还登录的用户数）/第 1 天新增总用户数。通常，移动 APP 版本的迭代周期为 2～4 周，所以，月留存率能够反映一个版本的用户留存情况。一个版本的更新，总是会或多或少地影响用户的体验，所以，通过比较月留存率，能够判断出版本更新是否对用户有影响。

（5）渠道留存率。因为渠道来源不一，用户质量也会有差别，所以有必要针对渠道用户进行留存率分析。排除用户差别的因素以后，再比较次日、周留存率，可以更准确地判断产品存在的问题。

☞ 网站与新闻客户端数据

用户在企业网站上的行为较容易统计。通过百度站长统计工具把一段代码直接挂在首页上，可以很快得出较为准确的访问数据，从首页热区到页面浏览量（PV）均能涵盖。常规网站运营数据和企业在新闻客户端建立的企业自媒体账号数据，也较容易解读。

网站数据分析

在网站上，企业的新媒体运营人员需要重点关注用户在页面上的点击行为有：跳出率最高的页面是哪些，哪些页面的用户来源数值最高，点击哪些按钮或者内容链接的概率大，在各个页面上的停留时间长短，当天访问企业最高的搜索引擎关键词是什么等。

网站流量分析

在网站流量分析中，主要从访问来源、流量入口、广告等角度切入。访问来源包括直接访问、外链、搜索引擎和社交媒体等。从访问来源上可以清晰地看出营销推广和广告投放的效果，并以此为基础调整广告投放。

在用户访问路径上，可以看到用户的访问深度、点击购买商品的页面、经常被点击的商品区域，据此，可分析出产品本身的用户需求、图片和标题的应用是否符合预期，以便及时将近期高成交的产品调整到更醒目的位置。

PV

用户当天对网站中每个网页的访问均被记录。用户对同一页面的多次访问累计计算。在统计周期内，用户每次刷新网页一次也被计算为一次访问。一般来说，PV 与来访者数量成正比，但是 PV 并不直接决定页面的真实来访者数量。同一个来访者通过不断刷新页面，也可以制造出非常高的 PV。

独立访客

独立访客指访问网站的每一台访问终端为一个访客，访问终端包括台式机、笔记本电脑、手机、平板电脑等。相同的客户端每天只被计算一次。使用独立用户作为统计量，可以更加准确地了解单位时间内实际上有多少个访问者来到了相应的页面。

跳出率

跳出率=浏览单页即退出的次数/访问次数。例如，在一个统计时间内，一个网站有1000个不同访客从某一链接进入，并且其中有50个人没有二次浏览行为，是直接退出网站的，则针对这个链接的网站跳出率为5%。页面上的外链、付款页面等，都不算是负面的跳出。所以，要根据不同情况统计出有效的数据才能得出可靠的跳出率。跳出率是评价一个网站性能的重要指标。跳出率高，说明网站内容不吸引人，用户体验欠佳，用户导入不精准，网站没有实现用户的期望。

用户来源渠道

关注用户是从哪些渠道来到企业的网站，能使企业清楚地了解不同媒体上不同广告位置的流量。市场营运人员可以通过这些数据发现能够为网站带来稳定用户的渠道，同时剔除掉效果不好的渠道。

活跃用户

日/周/月活跃用户一般用来衡量服务的用户黏性及服务的衰退周期。例如，日活跃用户与月活跃用户的比值（DAU/MAU）是社交网络（SNS）游戏的重要参数，一般最低极限是0.2，这个比值代表着保证游戏能够达到病毒式传播和用户黏性的临界规模。

用户流失率

用户流失率指那些曾经使用过产品或服务，后来由于种种原因对产品失去兴趣，不再使用产品或服务的用户。

用户流失率=总流失用户数/总用户数。流失用户数依产品而定，并且各自有不同的标准。分析流失情况可以找到用户流失的原因。对于流失用户的界定标准依照产品的不同而有所差异。有的产品是高频应用，例如内容型产品；有的产品是低频应用，例如某些产品的电商平台。对于有的网站来说，可能用户未登录时间不到1个月，就可以计算为流失；而对于电子商务网站而言，那些3个月未登录或半年内没有任何购买行为的用户才可以被认定是流失用户，两者之间存在流失期限的差异。

退出率

退出率是指对某一个特定的页面而言，从这个页面离开的访问数占所有浏览到这个页面的访问数的百分比。前面提到的跳出率适用于访问的着陆页面（即用户访问的第一个页面），而退出率则适用于任何访问退出的页面（用户访问过程中在网站上访问的最后一个页面）。

平均访问时长

指在一定统计时间内，浏览网站的一个页面或整个网站时，用户所逗留的总时间与该页面或整个网站的访问次数之比。平均访问时长是体现被统计对象的用户黏性的重要指标之一。黏性太低，表明需要从产品和内容上做出改善。

转化率

转化率指在一个统计周期内，用户完成转化行为的次数占推广信息总点击次数的比率。如果每 100 次访问中有 10 个登录网站，登录转化率为 10%，有一个用户下订单购买，则购买转化率为 1%。购买转化率反映了网站的盈利能力。重视和研究网站转化率，可以有针对性地对运营策略加以改善。

重复购买率

重复购买率指消费者对该品牌产品或服务的重复购买次数。重复购买率越高，用户对品牌的忠诚度就越高，反之则越低。

不同的网站，需要重点关注的指标也有所不同。内容型网站和企业在新媒体客户端建立的自媒体账号只要重点关注阅读数和用户数据即可。电商网站则较为复杂。企业电商网站除了需要关注网站的整体用户及销售数据，还要关注单一品类及单一商品的数据；除了关注某一品类的销量、平均每次购买量、金额及退换货率，还要关注单一商品在一定时期内的销量、订单数、金额及退换货率。通过分析这些数据，才能看到热门品类和热门商品的趋势，帮助改善后续的运营。

电商网站的数据指标如下。

（1）每日订单数。表示电商网站整体的销售情况，也是最重要的一个数据指标。

（2）客单价。客单价是每笔订单的金额，订单数和客单价的乘积大致是电商网站的整体销量，与实际情况的差别不会很大。

（3）订单支付成功率。若有大量的未支付订单，需要分析支付环节存在的问题。

（4）退换货率。企业需要仔细分析退换货的原因。

（5）订单交付周期。代表每个订单从用户支付成功到送达用户并签收的时间。不同的区域，如一线城市和二线城市的交付周期都有差别。此指标考验电商企业整体的物流水平。

（6）投诉率。电子商务的用户体验是从线上到线下的全过程服务，任何一个环节出现差错都是致命的。用户投诉往往意味着某个环节出现了问题，给用户的印象很差。投诉率是电商整体服务水平的体现。建立一个品牌很难，毁掉一个品牌则非常容易。

（7）重复购买率。重复购买率反映用户的忠诚度。某个用户第一次购买体验好，对商品很满意，那么产生二次购买行为的概率就很大。另外，用户多次购买的时间周期也是一个需要关注的重要数据点。

☞ 广告指标

ARPU

ARPU（Average Revenue Per User）即每用户平均收入。在一定时间内，ARPU＝总收入/用户数，一般计算长期的ARPU比较有意义，如平均每月每用户收入。用户数可以是总平均在线用户数、付费用户数或是活跃用户数，不同产品的标准可能存在差别。

ARPU 是一个时间段内从每个用户所得到的收入，是衡量互联网公司业务收入的指标。ARPU 值高，说明平均每个用户贡献的收入高，但并不代表利润高，因为利润还需要考虑成本。ARPU 的高低没有绝对的好坏之分，分析时需要有一定的标准。

CPC

CPC（Cost Per Click），即按点击付费。

CPM

CPM（Cost Per Impression），即按千次展示付费，指通过某一媒体投放广告，听到或看到此广告的人达到 1000 人平均所要花费的广告费用。CPM 取决于用户对产品的印象，是对不同媒体进行广告效果衡量的一个相对指标，但不是唯一指标。可以通过比较不同渠道的广告收入来找出效果最好的渠道。

CPA

CPA（Cost Per Action），即按行为付费，通过广告用户产生一定行为而计费，不限广告投放量。对于用户行为的定义视产品而定，包括形成一次交易、获得一个注册用户、下载一次 APP 或填写一次有效问卷等。转化次数的统计较为困难，且由于广告被点击后不一定会触发用户的后续行为，在网站中并不十分受欢迎。

CPR

CPR（Cost Per Response），即按回应付费，以浏览者的每一个回应计费。对于那些要求只要亮出名字就需要有一半回应的品牌广告要求，大概所有的网站都会拒绝。因为得到广告费的机会比 CPC 还要渺茫。

CPP

CPP（Cost Per Purchase），即按购买付费。广告主为规避广告费用风险，只有在网络用户点击旗帜广告并进行在线交易后，才能按销售笔数付给广告站点费用。

CPS

CPS（Cost Per Sales），即按销售付费，按照广告点击之后产生的实际销售笔数来计算广告费用。

CPT

CPT（Cost Pertry），即按试用次数付费，主要是移动应用渠道营销平台以试玩或试用为付费标准。

不同平台的企业新媒体运营需要关注的数据指标有所不同。例如，微信公众号更关注文章点击量、转发量、评论数及评论对平台或企业的价值，而在一些导流渠道，则更关注对方导流过来的用户质量、跳出率、购买率等。

第四章

崛起的两微一端

○微信公众号运营全景图

○微信公众号是如何炼成的

○如何增粉

○官微的运营之道

○官微运营技巧

○新闻客户端的生存法则

第一节　微信公众号运营全景图

微信是腾讯公司于 2011 年 1 月 21 日推出的一个为智能终端提供即时通讯服务的免费应用程序，由张小龙带领的腾讯广州研发中心产品团队打造。微信支持跨通信运营商、跨操作系统平台，使用通过网络快速发送的免费（需消耗少量网络流量）语音、短信、视频、图片和文字，也可以共享流媒体内容的资料及“摇一摇”“漂流瓶”“朋友圈”“公众平台”“语音记事本”等基于位置的社交服务插件。

据腾讯公布的数据，截至 2016 年年底，微信已经覆盖中国 94% 以上的智能手机，月活跃用户达到 8.89 亿，用户覆盖 200 多个国家、超过 20 种语言。此外，微信的公众账号总数已经超过 1200 万个，移动应用对接数量超过 8.5 万个，广告收入 51.68 亿元，微信支付用户则超过 6 亿。

企业实施新媒体战略，微信公众号是一个绕不开的渠道。最基本而言，每一家企业也需要拥有一个订阅号。从传播影响力角度看，订阅号是最佳选择。每天一次推送的更新频率，能够比服务号提供更多的信息，而服务号更强调服务属性。

公众号运营要素包括产品定位、内容运营、活动运营、用户运营、推广、事件营销、自定义菜单、运营辅助工具和数据分析等。

☞ 产品定位

企业新媒体的产品定位需要思考 3 个方面：平台定位、用户定位、服务定位。

平台定位需要考虑清楚平台的特性及差异化。清晰的平台定位，可以使运营更有目标和方向性，为运营建立清晰的边界。

用户定位就是要关注“用户是谁”这一问题。针对目标用户，研究透用户的特征和行为偏好及其使用产品的场景。找到并凝聚足够精准的高价值用户群有利于企业增值。在当今供给盈余、需求短缺的时代，企业拥有具有品牌忠诚度的用户非常重要。拥有几万乃至几百万的忠诚用户，企业甚至会占据新的发展轨道，其自身价值也会得到大幅度提升。

服务定位需要考虑企业新媒体和企业本身能提供什么样的服务。服务的差异化定位和特性，直接决定运营细节。

☞ 设定运营目标

在确定产品定位之后，就需要设定合理的运营目标并制订阶段性计划。企业的所有行为都是为了达到经营目标和提升竞争优势，新媒体建设也是如此。目标要量化、清晰、可执行。

☞ 内容运营

内容运营主要包括选题策略、标题策略、编辑排版等。就内容运营而言，原创是最基本的要求；就新媒体品牌建设而言，原创是建立差异化的重要手段。最起码也要维持部分原创，加上一些授权转载。这里的原创包括内容原创和品牌活动原创。

☞ 选题策略

选题策略是内容运营的关键。选题是筛选和凝聚用户的第一道漏斗。要根据企业新媒体的定位，确定选题的主要领域。是从行业出发，还是结合社会热点；是重点体现企业的公益和社会责任，还是重点做好节假日的策划，这些在运营之初就要做好规划。沿着日常生产和突发应对两条主线，适时推出合适的选题。

☞ 标题策略

标题是在选题内容基础上的拔高。好的选题和优质的内容，更需要一个好的标题来实现价值最大化。拟定标题有一些基本的思路和方法，如提问式、历史对比、悬疑式、名人、知名企业、反讽、警告提醒、干货、盘点、攻略等。标题若能体现一个或多个爆点，会引起用户更多关注。

运营之初，不妨对第三方公众号近期发布的阅读量为“10 万 +”的爆款内容进行分析，既要看普遍关注热点的数据，也要看与自身定位相符的细分领域的数据。

对于如何筛选并确定标题，笔者供职百度期间采用的方法可以作为参考：在运营组完成选题策划后，小组的几位同事需要每人提出3～4 个备选标题，然后通过在线讨论组讨论所有标题，综合选出 1～2 个最佳，再反复推敲，最终确定标题。最终标题的每一个字都要有清晰的目标。当大家意见不一致时，判断依据则是已有数据的分析结论。这里还未涉及现在新媒体平台普遍采用的策略，即马甲号测试效果后大号主推。

需要特别指出的是，公众号运营切忌千篇一律。如果每天都采用相同的思路输出选题和内容，甚至标题都采用类似模式复制出来，很快就会导致用户审美疲劳。保持新鲜感是新媒体传播的要诀。其他媒体从来没有推出过的内容或者活动策划，更容易引起海量关注。

☞ 编辑排版

在编辑排版上，微信公众号也要有自己的特色。

在视觉上要建立较为清晰的识别度。既要符合手机用户的审美，又要便于阅读，还要在细节上做好设计。例如字体、字号、字形、行间距、字间距、文本边框的宽度等，都是影响微信公众号识别度的视觉要素。

内容和形式相比，虽然内容更重要，但若在编辑排版上独具匠心，更可以让内容锦上添花，让策划亮点充分释放。

☞ 活动运营

企业新媒体矩阵中公众号的活动运营，如拉新、黏度、知名度、活跃用户、社群沉淀、销售导流等，都要围绕运营目标展开。

活动分为线上活动与线下活动两类。线上活动有抽奖、投票、有奖活动、发福利、春节回家往返机票、晒照片比赛等，还可以开展社群活动，包括线上公开课、主题课程、产品优惠信息和红包群等，这需要结合企业特点进行策划。线下活动则更为丰富：场景可以是校园、商圈、影院、大型娱乐场所及企业职场等，形式可以是粉丝回馈、大学生创业基金、旅游奖项、跟着网红看企业等。

活动运营要尽量做到从线上引到线下，从线下引到实体；也要从线下引到线上，沉淀成企业的粉丝和社群。在围绕中心目标的前提下，做好用户沉淀，为未来的商业推广和新媒体传播打下良好基础。

要做好用户群的划分，按照天使用户、核心用户、活跃用户、新用户、沉默用户等维度，实施有针对性的策略。要区分用户的地域来源，因为不同地域用户的文化、价值观，甚至语言习惯都有所差异。

天使用户是企业新媒体的第一批关注者，他们可能是企业的内外部关系用户。这部分用户最有价值，往往是公众号最核心的拥护者和传播者。在运营之初，如果没有大量的推广资金，一定量级的天使用户可以有效地帮助企业新媒体传播实现冷启动。

☞ 公众号推广

企业公众号的推广包括渠道推广和合作推广两个方面。

常用的推广渠道包括微信朋友圈、微博、知乎、百度知道、社区论坛、贴吧、新闻客户端等。要针对推广平台的用户特征做推广文案的策划，并技巧性地推送。文案不能僵硬，否则将收效甚微。要从用户角度出发，企业认为重要的，用户未必认可。

合作推广主要采用公众号互推、大号软文推广、SEO 推广、社会化媒体导流、关键意见领袖推广等方法。

好的事件营销可以大幅度提升企业公众号的影响力。事件营销主要指热点跟进和爆点策划。热点信息来源包括微博、微信朋友圈、百度搜索风云榜、知乎、豆瓣、天涯、门户网站的热门新闻排行。爆点策划需要企业投入更多的资源和精力。与热点内容很容易得到关注不同，爆点的启动需要较长时间，有一个加速过程。

☞ 自定义菜单

自定义菜单是公众号会话页面中与用户产生交互功能的模块，支持消息发送和页面跳转。目前自定义菜单最多可以设置3个一级栏目，每个一级栏目下可设5个二级栏目，共15个栏目。自定义菜单是公众号的基础运营模块，因此其设置要一目了然，还要具备一定的开发能力。目前，已经有多家第三方平台为公众号提供免费或付费的自定义菜单开发技术支持。

自定义菜单是承担导航的重要模块，其功能可以千变万化。企业需要结合公众号的定位加以设置。不同性质的运营主体，自定义菜单设置内容有较大的差异，这里主要谈谈社会化电商、行业媒体、自媒体、企业等微信公众号较为常用的菜单设置方式。

社会化电商账号

社会化电商账号的自定义菜单分为左、中、右3个部分：左侧菜单可设置“产品故事”“创始人介绍”“媒体报道”“招聘”等；中间菜单可设置“微店”；右侧菜单设置“福利”“用户社群”“签到”“积分商城”等。

行业媒体账号

行业媒体账号自定义菜单的左、中、右部分可以依次设置“内容精选”“品牌栏目”“联系我们”3个板块：“内容精选”可以是视频、专题、热点、“10万+”聚合等；“品牌栏目”放置媒体的主打栏目及内容；“联系我们”放置商务合作、投稿通道、招聘信息等。

自媒体账号

自媒体的自定义菜单可以设置2~3个栏目，如“精华推荐”“品牌栏目”“自媒体介绍”或“留言合作”等，以内容推荐和建立广泛联系为主要功能。

企业单纯的展示账号

企业单纯的展示账号的自定义菜单设置更为简单：左侧菜单设置“企业介绍”；中间菜单放置“主营业务”“合作案例”等；右侧菜单设置“团队介绍”“媒体报道”“商务合作”“招聘”等。这些栏目基本可以满足企业的一般性展示需求。

☞ 关注与回复

不论是打温情牌还是介绍亮点，是提供联系方式还是对用户的关注表达感谢，对公众号关注与回复唯一的要求是字数不宜过多，最好能够让用户一口气读完。

☞ 数据分析

基础数据包括总用户数量、阅读数量、点赞数量、转发数量、新增用户数量、流失用户数量、流失率等，还要分析日均、周均及月均情况。

企业通过公众号收集需求、合作及投诉数据，以此验证企业推广效果或产品效果。这些数据包括传播渠道及策略、覆盖群体、阅读数量、点赞数量、转发数量、新增用户数量、流失用户数量、转化率、成单数量、活动期交易额、每月交易额、每日交易额、交易额增长率、来源统计等。对这些数据的分析可以使企业对新媒体推广效果有一个清晰的认知，并能获得更多帮助其改善的要素。

☞ 辅助工具

目前已经有很多第三方提供运营辅助工具，例如微盟、易企秀、135编辑器等。这些工具基本能满足不同企业新媒体运营的需要。

第二节　微信公众号是如何炼成的

微信目前是移动互联网平台的强势产品，超过 8 亿的用户量让企业的商业设想有了落地可能。

虽然目前微信公众号吸粉越来越难，打开率持续下滑，一些公众号粉丝甚至出现负增长，但微信的价值仍不容忽视。企业能否做好公众号，与企业如何定位公众号有很大关系：是定位于传播平台、服务平台，还是销售渠道？如果定位出现偏差，会造成企业公众号的运营走弯路甚至失败。

公众号自带的流量属性的加成作用，是企业公众号能否成功的关键。例如《人民日报》这样的媒体，或某些知名企业，天然就有大量用户关注。

☞ 建立流畅的流程和顾问支撑体系

在新媒体运营中，企业首先要做好整体战略布局：在客服、产品、生产、销售、渠道等各业务环节要安排专人与新媒体运营部门对接，遇到用户投诉、咨询时，要第一时间响应。这就需要通过内部流程创新来发挥企业新媒体应有的价值。

此外，还要建立新媒体顾问团队。企业的内外部专家和天使用户社群，是微信公众号持续不断的信息源。产品、行业、营销、传播、媒体等不同领域专家的适度参与，会很好地为企业公众号提供支撑。

通过企业主领衔，公司内、外部专家资源配合等方式，形成企业新媒体运营机制。顾问和执行者要各司其职：顾问给建议，决策由新媒体团队来执行。

以微信团队为核心，以企业和内容活跃用户为主体形成微观生态圈，以其延伸出的泛行业领域形成宏观生态圈，微信公众号就会保持旺盛的生命力。

☞ 做好基础运营

确定好微信公众号的定位和建设好内容来源后，基础运营就成为关键。根据企业所处行业性质、发展阶段、口碑和影响力的不同，以及运营的不同时期，企业新媒体运营往往有不同侧重。

好内容至关重要

要想做好微信公众号，每天一次的推送内容就显得尤为关键。企业需要为此绞尽脑汁。

内容要严谨

内容要严谨，如不能犯常识性错误，发布违背公德良俗的内容，更不能有引起民族和宗教信仰误解的“抖机灵”内容。

微信公众号的运营立场和公关公司不同：公关公司的创意只要达成企业目标即可，而企业的经营则是长期的，更需严谨地对待每一次传播。低俗的创意是对企业的伤害，处在成长期的企业公众号更是如此。

重视用户利益和背景，是公众号运营需要恪守的原则。企业永远不能把用户当傻子。通过准确的用户画像，企业可以知道用户的基本构成。在运营时就需要时刻恪守底线。在此基础上，要对内容、创意、活动不断创新。

有理有据

涉及常识及数据的内容一定要有准确的出处，小心求证，拿捏不准的需交由专家确认。企业公众号要避免传播伪科学，语焉不详的表述更是容易引起用户的误解。企业运营公众号的责任比个人自媒体要大得多，一定要重视内容的科学性。

审查严格

微信公众号从选题到内容输出，全流程都要严格审核。周期可以缩短，但流程不能精简。流程环节主要包括：选题筛选、选题提交、选题确定、稿件创作与采编、排版制作、审稿、试发检查、上线推送等。要控制好时间，避免因为确定选题、审稿等关键环节的人员忙于其他工作，造成内容发布出现延时。不能让日常事务繁忙的领导兼任这类审批工作，可以通过划定原则和范围，给一线人员一定的发挥空间。

文字适度包装

特别是标题要有创意。一个好的标题意味着文案成功了一半，但好标题不等于“标题党”。

传播手段整合

对于企业公众号来讲，内容是一方面，传播手段也很重要。多尝试新的传播手段，做好渠道的整合和互通。有原创的内容输出，就铺到十几个、几十个账号，传播中的长尾效应是必然的。

清晰的辨识度

感知大于事实。要从视觉和认知上呈现出清晰的辨识度。如对 LOGO、文字大小、行间距、字间距、段间距，背景主色调等细节的策划，都要表现出企业新媒体账号的特性和识别度。

视觉上的辨识度相对容易实现，而真正的辨识度在于内容所体现出来的价值观，价值观才是企业新媒体账号的关键。有趣、诙谐、好玩、荤段子等都是表象，背后反映的是企业的价值观。

人格化

要让用户感觉企业公众号的温度，人格化是账号最显著的特征。每个生命都有自己的性格，表现在文风、语气，甚至对自我的称呼上。新媒体账号也要如此。无论是“IT 君”还是“八卦姐”，要实时回复用户的留言，让用户感觉到你的账号是一个真实的人而不是统一话术的官方客服或者机器人。

口碑

做好文章的原创与持续性。好的口碑能减少很多的推广成本。永远给别人以新鲜感，才能不断吸引粉丝。

设定运营目标

总目标可以是宏观的愿景，而阶段性目标一定要量化、可执行。

从模仿开始

找到几个企业内部公认运营最好的公众号。如果不能实现颠覆式超越，就从模仿开始。先站在巨人的肩膀上，在运营中积累经验，而后试图颠覆和创新。

注重细节

包括标题的字数、标点、缩略图的取色、头图与正文的间距、段落与段落的间距、标题与正文的间距、插图与正文的间距、插图与注释文字的间距、各级标题的字体大小、字体颜色及文字加粗等。

提供价值

发送每一篇文章之前，都要想清楚它能够给用户提供什么。没有价值的内容永远不会有好效果。

合理配置阅读时长

用户阅读全部内容的时间不宜太长。一般用户都是用碎片化时间在手机上进行短而快的阅读。但内容的呈现也不宜草草了事，内容张力不够，给读者留下的印象就不会深刻。

注重早期推广

零基础的企业账号在早期启动时，通过媒体和各新闻客户端进行推广可以很快抓到第一批种子用户。

稳定才能形成品牌

让用户对企业公众号每天提供的内容有所预期。即使每天都是打折信息和优惠券发放，如果运营得法也可以获得几百万的粉丝。

构建“内容池”

用满溢的“内容池”最精华的部分，呈给用户“一杯水”。做大量的基础策划，为微信公众号提供源源不断的高质量内容。只有优中选优，才能保证内容质量。

内容要有营养

制订内容运营方针，并精耕细作，丰富表现形式，通过文字、图片、视频、音乐、H5、游戏、信息图等多元化表达，让用户乐于接受。

时间

选择最有利的推送时间。用户的使用场景不同，文章的推送时间也有所不同。内容发布要有策略，时间点须谨慎选择。

版式

版式整洁美观，有独立的版面识别效果。

自定义菜单

点击菜单的人往往是活跃用户，菜单的设置要结合企业需要和实际用户需求。

☞ 加强与用户的互动

要打动用户，首先要有能让他们产生共鸣的内容。要激发粉丝互动，必须要站在用户的角度思考。

善用情绪，激活用户

激发用户的不明觉厉、开心、愉悦、愤怒、同情、悲伤、惊讶等容易引起互动的情绪，可以很好地实现传播效果和转化率。

及时反馈

通过 QQ 等平台的经验，能够给予用户即时反馈、激励和成就感，更能受到用户和粉丝的欢迎。考虑重要时间节点，如节庆、假期、关键事件、企业纪念日等。

提前策划

在预设节点到来前，结合即将到来的时间节点和关键事件，有针对性地策划内容和活动。标题要精选，落点准确，覆盖目标用户的喜好。

简化参与环节

活动要降低参与难度。用户从认知到参与的过程，呈现漏斗型的递减趋势。随着中间环节的增加，用户会呈现陡崖式流失。在设计活动环节时，需要简化用户参与环节，降低门槛。

唯特色不破

公众号要有自己的特色。独特的内容助力新媒体快速形成品牌，在固定的受众群持续发挥影响力。

人情味

利用好“阅读原文”，做好引导，实现转化。自动回复的文字设置要有人情味。一个真人粉丝多宝贵啊，还不赶紧打个招呼，友谊的小船可是会说翻就翻的！利用一切免费的资源，打通与粉丝之间的沟通渠道。

保持客观立场

公众号是企业自身形象的缩影。企业的信息要真实客观，不要参与企业间的骂战，避免浮夸。如果企业遭遇负面危机，尽快通过流程输出公司决策后的内容，保持及时响应且有理、有据、有节。

企业自有资源挖掘

相较于一个从零开始的企业公众号，一个有先天品牌优势的微信公众号起点更高。知名企业的产品会拥有海量用户，无论在产品包装还是销售渠道上，都可以有很多方法成功搭建新媒体渠道，实现新媒体矩阵的推广。

☞ 品牌传播推广

企业进行品牌传播，可在平面、电视媒体植入公众号或新媒体讯息，对用户形成引导，方便感兴趣的用户，通过搜索公众号关键词，或者扫二维码关注企业公众号。

产品路径推广

在企业的实体产品包装或者虚拟产品展示平台上，展示公众号信息或二维码，以在早期就引入用户，保持长尾式的增长。可策划抽奖、领优惠券、用户与品牌的故事等适合开展的活动。

场景推广

场景推广比较适合有店面等实体渠道的企业。通过在人群聚集的商圈里推广公众号，演出、抽奖、扫码送体验或奖品，用“鸡腿”换用户。这类活动的缺点是用户取关比例较大，需要企业及时跟进后续的内容和服务。

互动传播

过去企业通过发布广告进行传播，这种方式往往是单向传播，现在越来越强调和粉丝的互动。新媒体平台上的互动管理比以往任何一个时期都显得重要。

企业公众号运营，注定是一个长期的过程，面对由微信、微博、网站、APP、新闻客户端、自媒体账号等组成的新媒体矩阵和日渐复杂的格局，企业需要保持耐性。

第三节　如何增粉

公众号粉丝的积累需要时间。苹果手机在乔布斯多年的宣讲感染之下，“果粉”规模庞大，成为一种社会现象。科技媒体的编辑都知道，涉及苹果公司的新闻点击量都会比一般新闻要高。时至今日，仍不乏一些狂热粉丝为了抢购最新发布的苹果手机通宵排队。

30 多年仍旧保持创新活力的大型科技企业，苹果的粉丝沉淀超乎一般人的想象。

从企业品牌的影响力角度看，粉丝具有非常高的价值。但企业运营公众号，获取粉丝不是运营的唯一目标。粉丝的流动性比较大，他们会被企业的营销爆点、重磅新闻所打动，也会因为某些刺激而不再关注企业账号。

从零开始，获取粉丝。如何冷启动获得初始粉丝，如何通过爆点营销获得海量关注，要有清晰的思路和方法。

企业获取用户需要建立一个清晰的漏斗模型。在企业公众号运营之初，分析目标用户在哪里，能够触及用户的渠道和场景有哪些。找到用户后，要清楚从普通受众到粉丝，从粉丝到用户的距离有多远。

企业通过新闻、活动、爆点营销、借势营销等手段，先把用户吸引到企业公众号的大盘子中，成为粉丝。然后利用企业在产品、技术、内容的创新，实现从粉丝到用户的转变。

有很多方法可以让企业公众号在有限预算内快速增粉。以下是企业获取公众号粉丝的一些常用方法。

☞ 把握天使用户

企业在做公众号增粉规划时，一定要牢牢把握住天使用户。这数百个到几千个天使用户，是企业最忠实的用户，也是能为企业提供高价值的用户。他们不仅仅是企业的消费者，更是企业发展的支持者。

据笔者统计，公众号文章的打开率在逐渐下降，而朋友圈转发却成为文章点击的重要来源。优质天使用户的关注和转发成为企业公众号乃至产品传播中最具价值的因素。

第一批天使用户，是企业员工的朋友、企业的合作伙伴，或者企业最熟悉的客户。可以通过论坛、微信群、朋友圈等活动，招募第一批活跃用户，甚至“挖墙脚”，到竞争对手的社群潜伏，到属性相近的微信用户群去寻找用户。将来自移动互联网各个角落的用户，通过微信群聚拢在一起，形成企业公众号发展的用户来源。选择微信群作为企业天使用户的聚集地，没有什么比微信个人账号的转发更有病毒式传播的效果。

当种子用户达到一定量的时候，就进入快速增粉的阶段。不用特意做宣传，每天靠自然流量就会带来一定数量的粉丝。笔者负责运营的几个账号，常态下日均新增粉丝量在几十到几百之间。虽比不上一些投入资源推广的大号，但日积月累下来也有几万粉丝。

在天使用户自然传播之余，如果企业能够提供给力的预算，精心策划一些推广和营销项目，企业公众号在半年之内，完全可以做到 10 万量级甚至更多。

传统企业还可以考虑利用客户推广公众号。企业运营多年，手里总会有或大或小的数据库，通过短信、电话、邮件等形式，把客户回引到企业公众号上，让客户时时关注企业的发展和动向。这同时也是给客户提供价值的一个很好体现。通过提供一些推广转介绍的二维码或注册链接，让客户去帮助推广企业的公众号，可以获得更多精准用户和粉丝。

☞ 线上增粉

利用个人微信号宣传

企业通过加很多用户为好友，再把他们感兴趣的内容和产品传递给他，这是一个推广微信公众号非常好的办法，虽然有点愚公移山的味道，但一旦实现从陌生人到用户的转变，这个群体就能够转化成为企业的天使用户或粉丝。辛苦拓展这些用户，可以实现第一步销售，也能实现人际传播，帮助企业公众号获得更多粉丝。

公众号二维码的利用

微信公众号的粉丝来源中，扫描二维码关注的比例一直占据重要地位。在店面、微博、平媒乃至展会上，凡是能植入二维码的地方，企业都要尽量植入，让感兴趣的用户关注公众号。

利用陌陌、微博等移动社交工具

日常使用陌陌这类社会化交友平台的用户不少。在这些平台的兴趣群组里找到企业的目标用户，通过活动或者优质内容吸引粉丝。

微博在一段时期内仍然是移动互联网中重要的传播工具，其更具开放性的传播特点较容易实现病毒式传播。建立企业公众号同名的官方微博，通过微博到微信的导流实现公众号增粉。反过来，微信公众号合理植入官方微博，也能促进企业官方微博粉丝的数量，如此，两者都能实现螺旋式增长。

线上社群

通过 QQ 群、微信群、微博群、贴吧、知乎、豆瓣、论坛等平台都可以实现用户导流。社群的推广方式大同小异，企业公众号吸粉最有效的是微信群。

通过拉群，用发红包的方法激励用户拉人，并有针对性地换群，能够很快构建出一个数以万计用户聚集的微信群传播矩阵。但要注意，在社群中很生硬地拉人关注，或者仅仅是关注送红包，并不会有很好的吸粉效果。企业要根据不同场景策划有针对性的增粉策略。

在线课程

无论是对传统企业还是开展线上业务的企业而言，在线课程都是一个很好的传播方式。课程内容包括产品、行业、热点解读、技能培训等，可从切合企业新媒体的定位角度切入。企业可邀请有名气、善演讲的嘉宾，通过电子海报、H5、活动网站页面等多个渠道进行传播，甚至转发朋友圈，截图留言给公众号。利用免听课费的形式，可实现病毒式传播。通过在线课程植入企业的品牌和产品，也能起到很好的增粉效果。

微信红包

为活跃气氛，发布传播任务，实现节日和热点营销，利用红包这个推手，可以顺利实现预期的传播效果。

利用 QQ 宣传微信公众号

QQ 仍然是国内用户量最大的聊天工具。可以利用 QQ 好友、QQ 空间、QQ 群引导用户关注微信公众号。应少打硬广告。找到与企业目标用户和公众号粉丝定位相关的 QQ 群，是保证 QQ 群营销效果的关键。

有针对性的策划是做 QQ 群推广或者社群推广的重要准则。例如，时尚女装企业，要找到时尚、买手、化妆、库存尾货、海外代购等 QQ 群。可以找找类似群，先“潜水”一段时间，摸清楚群的脉搏，跟群主搞好关系，然后，策划针对性的语素，通过闲聊融入社群，择机推出植入公众号二维码的活动、关注截图送红包等。

利用论坛、社区宣传

在移动互联网时代，论坛、社区依然保持了一定的影响力。找到符合企业公众号定位的目标用户群聚集的板块，从潜水到互动，从互动到技巧性植入。如果缺乏爆点营销策划，更需要磨功夫。

垂直论坛依然有效。企业可以尝试找一些与自己目标人群相对重合，仍然活跃有人气的论坛去获取用户和公众号粉丝。

网红、专家、意见领袖推荐

在自媒体时代，网红和大 V，甚至少量高价值用户的小 V，都会帮助企业快速打开局面，实现公众号粉丝暴增。一场精心策划的企业创始人线上直播秀，就可能有几十万用户关注，能够实现的粉丝转化率不容忽视。

资源置换

企业与其他传播平台、自媒体、公众号、关键意见领袖相互之间可进行资源置换。这些被置换的资源对于置换者来说是廉价的，但对于接受者来说却是有价值的。企业通过一定的资源投入，用资源换时间、换用户、换粉丝，最终完成企业公众号的增粉目标。

公众号互推曾经在一段时间内起到很好的效果。现阶段则要差很多，除非能够策划出具有爆点元素的软文，再合理地植入企业品牌和公众号加以引导，才能较好地实现传播目标。

分类及视频平台、导航网站宣传

利用下面这些渠道宣传微信公众号，如果处理得好也能取得一定的效果：58 同城、赶集网等分类信息平台；微信导航网站；软文 SEO；优酷、爱奇艺等视频平台自频道；网盘等。

☞ 线下增粉

海报、易拉宝、产品包装、名片等传统方法

对传统服装、餐饮企业而言，最稳、最快、最便宜的推广方式还是派发宣传单。餐饮企业在商圈周边交通要道和写字楼派发传单，如果菜品受欢迎，很快就可以打开局面，扫码关注公众号菜品打折、免费成为会员的促销方式可以拉到很多粉丝和用户。服装企业则可以到当地服装销售商圈推广，也能获得一些用户的关注。

关注公众号送礼物、微信扫一扫送礼品等活动，只需要花很少的钱，就可以让用户关注。

此外，公司员工名片印上公众号标识和二维码，在自有产品外包装上印上企业宣传语和公众号二维码关注导引语，也是获取粉丝的有效途径。

线下社群的跨界合作

线下社群的推广也能够起到很好的效果。如一些高净值人群组成的车友会、游艇会、岛主联盟、高尔夫俱乐部、潜水俱乐部等本身就是中高端奢侈产品的目标用户群，可赞助或派员参与。

行业展会

对于供应链类和服务类 B2B 企业，行业展会是推广公众号的一个非常好的渠道。无论是展台、展位，还是发名片，都能够有效地找到最直接、最有价值的企业用户。让这些企业关注公众号，需要一定技巧。可以通过建立个人关系，逐渐引导到业务上，也可以通过推荐公众号，让对方保持实时关注。企业也可以参与行业论坛、峰会的演讲，策划行业活动宣传公众号。

人脉圈及无业务竞争关系的人脉平台

像正和岛、黑马会、研习社这些高端商业社群，比较适合致力于消费升级服务的企业。企业主或者相关负责人参与其中，会发掘到较好的合作机会。

线下推广

校园推广、商圈推广、场景推广等，也能够有效吸引粉丝关注。企业目标用户群如果是大学生或时尚人群，可以通过独立或者跨界合作的形式在各城市铺开。企业内部资源欠缺的可以暂时定位于一座城市，如果资源丰裕，可开展城市巡展。只要活动不敷衍了事，一般都会达到预期效果。

发布会

在产品最具想象空间，最容易引起用户好奇的时刻策划一场发布会。现阶段直播平台众多，微信、微博、朋友圈，网红、关键意见领袖，传播渠道广泛。只要有爆点，线下、线上一起跟进，在线微信群同步直播，一场发布会下来，可实实在在覆盖几十万人，并有可能与几千乃至上万高价值用户实时互动。

☞ 其他方式增粉

媒体报道

媒体的影响力依然强势。一些行业媒体覆盖的精准人群，可以影响很多潜在用户。良性有序、有规划节奏的媒体报道，也是企业推广公众号的选择。

干货资源引诱

先了解目标用户的关注点，然后搜集相关视频、图片、书籍、音频等资料，并整理打包，关注公众号的用户回复关键词就可以获取下载地址，获得浏览文章的回复。如能再进一步，配合短小精悍的软文，放到朋友圈、微博、论坛等平台的合适位置，说明共享，鼓励关注，效果会更好。

知识营销

这里的知识平台包括知道、经验、文库、百科、知乎、360 问答、果壳、豆瓣等。可以把文章上传到文库，做百度经验文章，在知乎上回答与企业公众号定位相关的问题，并做合理植入，效果都非常好。问答式能够带来明显的长尾粉丝流量。

借势推广

借势推广俗称“抱大腿”。可以与上、下游合作机构联合推广，例如做美容美发的APP平台可以围绕理发店进行推广，做互联网金融服务的企业可以与资产开发机构进行品牌合作，联合宣传。

另外，借势稀缺的商品也是一种非常有效的方式。例如，将即将上市的新款苹果手机、某知名歌星演唱会门票作为下载APP或参与互动的奖品，对用户也是一种极强的吸引。

腾讯广点通

腾讯广点通是目前最精准的公众号推广渠道。企业可以投入一些预算，通过大数据投放给目标用户，获得海量粉丝。另外，也可以尝试与一些可靠的第三方粉丝平台进行合作。

以上方法列举是近几年常用的方法，其中有些是常青树，有些因为网民认知度的提高而效果变差。事实上，在实际运营中，还有非常多的方法和渠道，需要企业结合自身情况，找到一个既不影响企业利益，又能帮助企业达成目标的组合策略。

如果希望短期大幅度增量，就需要策划爆款传播，铺开之后，会在短期内获得用户的关注。后续如果能持续拿出用户需要的产品、服务和内容，用户就会沉淀下来。没有最好的方法，只有更适合的策略。受企业禀赋、资源、地域环境，以及用户群分布的影响，爆款传播策略也会不同，需要企业做好探索。真正从细节做起，才能让企业公众号进入正常通道。

第四节　官微的运营之道

微博从曾经的“中国版推特”发展到今天，已经是集图文、短视频、直播等多种传播方式于一体的社交媒体平台。数据显示，2016 年，微博月活跃用户全年净增 7700 万，达 3. 13 亿，移动端用户占比达 90%，日活跃用户数也增长到 1. 39 亿。微博用户整体呈现高学历、低年龄趋势。《2016 微博用户发展报告》指出，拥有大学以上高等学历的用户占比高达 77. 8%，30 岁以下青年群体在微博用户中占比超过 80%。

微博的价值，很重要的一点在于它可以从单纯的流量，转化为粉丝积累和消费者的互动。在社交媒体时代，用户在购买产品之后并不意味着与企业关系的结束，企业要通过持续分享信息而引爆口碑，积累粉丝，为品牌沉淀用户，实现用户对企业的长期关注与互动，从而促成多次转化。

用户对企业关注度的持续性，可以从社会化媒体的热点偏移中看到端倪。同一热点无法得到网民的长期关注，从爆热到冷落是一个必然的过程。当关注度无法保持时，微博等社交媒体对粉丝的持续影响就显得更具价值。

在企业的新媒体矩阵中，官方微博必不可少。但也有让企业担心的事情。例如，企业口碑差且在网民中达成共识的，很长一段时期都无法通过广告等手段逆转，开通微博账号可能会经常遭遇围攻，并让负面传播持续发酵。但需要认识到的是，无论企业是否有自己的官微，与企业有关的信息依然会在微博上传播。掩耳盗铃在移动互联网时代并不能解决任何问题，反而会因为企业的缺位出现舆论一边倒的情况。

目前，很多企业的发展依然带有早期民营经济的典型特征。原罪是很多企业家心里无法抹去的印记。在这种状态下，企业更需要变被动为主动。通过新媒体战略规划，树立企业形象，让企业在新商业环境下获得发展动力。

企业官方微博的搭建，类似微信公众号的日常运营，有一套框架体系。从定位到运营，从活动到推广，从数据分析到整合营销，在基本原理上都是类似的。

企业实施“新媒体 +”战略，初期要建立内部接口人制度，从销售、客服、产品、品牌、公关的维度，实时无缝对接相关部门人员，以期遇到问题时能第一时间妥善解决。这并不是说微博等新媒体渠道的投诉优先级别比普通渠道高，而是说要有一个通畅的机制，让新媒体建设不流于形式，甚至能起到新驱动引擎的作用。

微博是企业低成本传播的利器，对比传统的传播方式、获客手段及客服体系，其性价比非常高。

☞ 官微运营之初

企业新媒体运营的目标决定了官方微博的运营方向。要明确企业新媒体的运营目标：是吸取粉丝、发展用户，还是增加客服渠道。这些都是企业可以获得的新媒体红利。

粉丝会因各种原因关注企业官微，而有些粉丝并非目标用户。在实际运营中，也要考虑这些泛群体粉丝的存在，并在一些内容或活动的策划中予以兼顾。当企业官微拥有海量级别粉丝时，对企业的帮助显而易见。

用户定位决定了企业官微的内容和推广方向。明确企业微博的目标用户，有利于更好地推进运营。

而内容是吸引粉丝关注，是引导再次传播的关键。接下来，需要分析目标用户希望关注的内容，包括什么样的内容和活动能吸引这些目标用户关注，什么样的内容能激活他们再次转发，什么样的内容能让他们持续关注等。

企业官微运营一般有以下几个基本步骤：

第一，树立明确的账号定位和目标。

第二，完善微博版面设置和介绍，加企业蓝V。

第三，规划发布内容。

第四，策划推广。

账号名称设置要便于用户识别记忆。起个好名字等于成功了一半。官微的名称因为企业和品牌名称的限制可能无法随意发挥。如果企业名称过于拗口，品牌名称过于古老，不符合现阶段网民心理预期，建议策划一个全新的官微账号。当然，随之而来的是产品品牌的重塑。

一般来说，企业官微名称沿袭企业名称的核心关键词和品牌名称即可。为防范抢注，可以注册相关账号。多产品的公司或者多家子公司的集团，如果产品之间跨度较大，可建立品牌矩阵，如百度的产品线就有百度、百度知道、百度贴吧、百度音乐等，主要产品均使用自己的官微。这样一来，不但可以获得海量粉丝，还可以让集团的新媒体运营社群、在线活动的推广和合作快速达成协同。很多品牌的微博粉丝都过了百万，在新媒体群里“喊一嗓子”，互转互推会很快得以执行。让所有子品牌的官微形成合力，能更好地推动单个官微的发展。

从目标到定位，从用户到粉丝。确定好筹备期的战略之后，就进入到实操阶段。在团队配置上，文案、策划、运营、设计等职能要齐备。如果人数较少，就需要一人身兼数职。

☞ 打造一个好产品

申请官微账号后，就需要设计版面。一个设计良好的企业官微版面，可以让用户在访问的时候获得好的体验。官微版面设计主要包括微博界面的色彩搭配和栏目展示两方面。

色彩的搭配可以根据企业产品的定位，目标用户群的特点来确定。例如做 VR 设备的企业，需要呈现出科技感和 VR 视觉效果，而一家木门生产企业，天然、绿色是企业产品的主要设计风格。另外，对文字、图片、视频等元素的运用，需要依据企业的产品特征综合考量。

官微名字、头像、认证、简介体现出机构的专业性，每个字都要用心斟酌。产品层面的工作还包括背景图、焦点图、官微介绍、关键词标签、友情链接、公告、企业认证信息等。

官微的运营策略主要包括运营目的、角色设定、矩阵、团队配置、工作管理规定、内容策略、危机公关等方面。官微运营的目的一般是吸引粉丝，在行业中建立品牌影响力。管理规定主要包括内容选题、发布规范、发布时间节点和频率、原创与转载的比例、突发事件处理、全天工作流程设定、禁止事项等，其中禁止事项需要在运营之初明确，这有利于形成合理的边界，更好地指导运营工作。

此外，在内容选择、发布策略、热点话题、搜索关键词、文案策划等方面需要做一个细致的规划。乱拳打倒老师傅，首先要确定乱拳是否坚强有力。如果不然，那就老老实实从遵从套路，不断寻求突破。要每天跟踪企业和产品关键词的信息，评估其内容影响力：如果好的内容，决定是否介入推动传播；对于负面的内容，应谨慎处理。

☞ 用户运营至上

在用户运营上，需要做好互粉、活跃用户、互动几件事。

互粉

互粉能够帮助企业官微在启动之初，快速获得目标用户。

官微运营会因企业自身情况不同而有所不同。

对于知名品牌企业，互粉一定要结合自身品牌形象和定位而设定，并进行早期的圈层沟通。大企业和知名品牌互粉的主要目的是同级别的合作，尽量避免让粉丝误会的互粉。知名企业的官微在日常运营中需要更加谨慎，言辞精准，不能有歧义而造成误会，免得被截图留下证据，造成被动。

如果是中小企业或初创企业，受到的限制则相对要少一些。小企业没有盛名之下的负担，无论是跟网红、关键意见领袖的互动，还是对普通用户的点赞、留言的回应，都可以轻松开展。但也应避免一些不当行为，如参与骂战、发表不符合主流价值观的言论等。官微的文字和沟通可以个性化，但也不宜太“特立独行”。

互粉的主要目标对象是媒体官微、大V、同业、知名人士、活跃用户及优质用户。如果一个正能量爆棚的企业互粉了负面缠身的企业，而且频繁互动，显然会给企业带来不利影响。互粉时可以考虑加入一些微博行业群，直接吆喝。微博运营编辑在个人小号上可以关注一些同行的优秀企业账号、知名营销号、大V、行业、媒体、热点人物等，及时了解大V们都在关注什么，谈论什么，适当的通过企业账号@对方，进行评论或者私信，从陌生到互动，逐步扩展企业官微间的联系。没有价值的“死磕”不会有任何收获，广种薄收才是正道。

活跃用户

活跃用户是衡量企业官微价值的主要指标之一。除了富有吸引力的内容，有效激活用户的手段主要有线上互动、活动激活、赠送奖品等。官微不是发稿“时光机”，而是需要跟粉丝交流和联系。每周或者每月策划一些线上小活动，也是活跃粉丝气氛的很好手段。一些经常支持官微、正面传播企业形象的个人微博，可以通过微信群、QQ 群的方式加以聚拢，形成一个核心用户群。如果企业有实体产品试用或者抽奖赠送，通过线下组织一些粉丝见面会，能很快聚拢更多的关注和人气。现在抽奖拉粉的效果不如微博早期，但策划得当依然是有效的圈粉手段。

与用户的互动方面，主要采用评论、转发、点赞、微博群、策划话题、小号介入等方法。主动评论，积极组织线上话题，通过一些小号可让自己的官微看起来不那么冷清。可先用自己人际圈粉来聚拢人气，带动官微氛围。当粉丝形成主动转发和参与后，通过官微和小号与用户互动，可增强粉丝体验。据说在 QQ 运营之初，马化腾曾经扮“萌妹子”与用户聊天。这个传言是否真有其事无从求证，但至少说明官微小编完全可以放下身段，与粉丝亲切友好地交流。

互动

好的互动，就是最好的用户推广。热门话题榜上的热点会吸引很多用户关注，企业微博可以通过将自己的微博内容跟热门话题结合在一起来发布，以吸引更多的粉丝关注并转发。转发时候，用相关主题来标注关键词，还可以通过@ 好友来提醒好友关注。另外，企业还可以建立一些推广小号，转发和@ 一些大 V。

参与互转。转发应该坚持有料、有内容。很多高频转发的微博最后一句往往会加上诱导转发语，“快@ 给你的朋友一起来参加吧!”。这样会大大提升活动和原文的转发效果。策划线上、线下活动，可以快速增加人气，让更多的人参与进来，以达到企业做活动的目的。

认真对待粉丝的每一次@ 和每一条评论。每一条@ ，如不转发，至少也要评论回复或者点赞。尽量回复每一个粉丝带有内容或观点的评论，不敷衍。不用担心自己不会聊天，甚至观点不专业。

尊重每一个粉丝，切勿引发争辩。企业遭遇负面消息时，不可贸然发表回复或者声明，应该先了解情况，再联系相关客户。事件影响大，需要快速准备应对策略。一般说来，在评论和私信时可以“卖萌”和轻松一些，沟通过程中，则要避免过激言论，遇到无法应对的留言应先搁置，尽快向上级反馈或者先用通用回复答复用户。官微表态回复后，一定要加紧推动，不能让网友抓到不负责任的把柄，影响企业形象。企业官微尽管由个人维护，但代表的是企业，若言行不当，粉丝往往会追究到企业头上。

活动能在短时间提高粉丝数。活动需要结合企业产品销售进行，并注意后续的转化发掘，否则活动的价值难以很好体现，当然，以圈粉为目的的活动除外。现在网络中有部分用户以参加活动获取抽奖奖品为主业，对企业和产品没有任何忠诚度，活动策划需要考虑如何筛选这些低价值用户。线下活动以天使用户和专业用户为主，利用有影响力的人来获得更有价值的活动收益，可以是见面会、沙龙，也可以是企业参访体验。通过活动，可以向粉丝宣传企业和企业官微，让更多粉丝了解、认同企业。活动的策划和执行主要分为确定活动目的和主题，设定关键指标、规模、方案，执行，效果收集和数据分析等。

找到适合企业官微发展的社交圈和关键意见领袖，做事情就会事半功倍。在用户运营上，还可以建立微博群，作为活跃用户和客服的通道，也可以作为 UGC 内容交流的场地，具体应用依企业需求而定。

如果预算有富余，最好可以做一些精准的广告投放，能够快速获得精准粉丝关注，节省发展的时间。节省时间也是省钱。

☞ 内容运营新常态

在企业官微的日常运营中，内容运营的重要性不言而喻。文字、图片、音频、短视频、外网连接、企业官方网站页面的植入都需要良好的内容入口。企业官微没有内容，只有广告和所谓的爆款营销是不现实的。这样的状态也留不住粉丝，转化成用户的希望也很渺茫。

内容运营主要分为关注信息源、主题策划、日常更新、热点借势、UGC 内容等。

信息源

运营全周期都需要一个良好的信息源目录库。通过早期的信息来源评估，建立一个 100 家以上的信息来源库。从内容、热点、行业、专业、有趣、商业价值、粉丝好感、借鉴参考价值等维度，筛选一批网站、微博账号、微信公众号，把经常浏览的网站、图片、视频，网页放到收藏夹保存下来，每天快捷访问，寻找运营所需素材。

一些能够实时观察热点和热度文章的页面需要作为重要关注的对象。例如百度搜索关键词排行榜、搜狗的微信搜索界面、新浪网的新闻排行榜页面等。提前发现热点和趋势，并结合企业官微的自身情况，寻求快速反应。笔者在曾经运营的官微账号上，因为快速发布突发新闻，当天新增粉丝几百人，这数字似乎很少，但仅仅是一条突发新闻的快速搜集整合，收益上的性价比还是很高的。

主题策划

内容运营上的主题策划主要是指子品牌话题、早晚问候、热点、内外部重大活动等。

子品牌话题主要是指企业官微单独策划并长期输出的话题栏目。通过话题工具，既方便粉丝检索阅读，也增强内容吸引力，让更多对话题感兴趣的网友关注企业官微。

早晚问候是很多官微的标配产品。一句温情的话语、名人警句、大咖观点，构成了一个官微更具人性化的形象。早安话题发布时间主要选择上班时段，一、二、三线城市的时间稍有不同。晚安则是大多数人进入梦乡前的一个时间段，也可以参考官微自己的粉丝访问时间曲线来选择。在早安和晚安时间段，企业能够发挥的余地很多。如果是餐饮企业，可以策划每天晒早餐活动，让粉丝把自己美美的早餐晒出来，引导粉丝间互动点赞，吸引更多粉丝关注餐饮企业的官微和饮食文化理念，从而逐渐提升店面和外卖的人气。每周提供一些奖品，更能活跃粉丝氛围。

企业官微在运营时，也要时刻关注热点。目前借势营销做得最好的企业非杜蕾斯莫属。从热点的抓取、话题的选择、呈现的产品角度和体验，杜蕾斯的做法值得很多企业借鉴。其成功之处在于能及时发现网络热点，从企业定位出发，选择适合切入的角度，进行娱乐化借势营销。官微要敢玩，会玩。大多数粉丝不会天天把沉重话题放在嘴边。只有具备“娱乐至死”精神，才能获得更多粉丝的参与互动。好玩的事情、有趣的内容才符合主流网民的喜好。

内外部重大活动是指企业策划的活动及与各机构、企业联合发起的线上与线下活动。不论主战场在线上还是线下，企业官微都需要关注和参与。图文直播、精彩现场短视频剪辑都可以让企业精心策划的活动得以充分传播。如果活动本身具有很强的话题性，一轮病毒式传播将对企业官微有很好的带动作用。重大活动也要结合节假日时间点，这样可以事半功倍。例如，在父亲节、母亲节等节点，呼吁回归家庭，引导情感表达；在春节假期前策划一些“回家的路”、抽奖送回家机票等活动，往往会获得很好的效果。在重要的时间节点，用温馨的活动触动粉丝内心最柔软的部分，征服粉丝就等于获得粉丝发自内心的喜爱。

日常更新

企业官微的日常更新是一项细致化、常态化、注重时间节点和依赖创新的工作。只有找到热爱行业、理解企业的人，才能做好。日常更新主要涉及选题、标题、话题、140 字、配图、外部工具、发布时间等策略。

日常的内容选题。从定位出发，在内容运营方针指导下，需要进行创新性策划。选题可分为正常更新选题、节假日预设选题、突发热点选题等。正常更新选题的来源主要依赖原创和信息源搜集。高质量的原创内容可以快速增加微博的粉丝，转发关注的粉丝越多，产生滚雪球效应。

好标题是成功的一半。标题策略尤为重要。通常来讲，每一篇推文的标题需要结合选题特点而定。文字风格要轻松、人性化。起标题之前可以先做一些数据分析。对同行业官微效果较好的标题进行分析，从中提取关键词、话题领域等特征信息，作为企业官微运营的外部参考坐标。如果推文的主题是热点，就需要在标题中嵌入热点关键词，植入相关的热点话题，以利于用户的搜索访问；如果推文的主要目的是推广产品，有个有趣好玩的标题才能获得好的效果。

话题设定分为子品牌栏目话题和临时性话题。子品牌栏目是指需要持续更新的同类内容，要有主线加以贯穿，并加上索引。临时性话题是指促销活动、热点借势营销等。在话题策划上，要突出关键词信息和有趣、好玩，具备亲和性特征，主题不同，话题侧重点也不同。

140 字策略。虽然微博已经解禁 140 字的字数限制，但在日常运营中，无论是活动策划，还是内容更新，140 字依然很重要，也最需要创新。利用 140 字，合理安排标题、主题、引导语、链接，能够获得意想不到的效果。要想获得好的效果，需要小组多人精心策划，最好拟定 5 个以上的标题和引导语，再结合目标用户群选择最佳方案，并有针对性地优化修改。在内容的准备上，除了行业相关的信息，也可以结合企业自身属性，选择知识、冷知识、心灵鸡汤、语录、段子、明星话题等，使微博的内容更加有趣味，从而获得更高的曝光。千万摒弃只说自己好而毫无任何实际内容的做法。

配图是官微锦上添花的必选项。由于移动互联网技术和 4G、5G 通信技术的发展，图片和短视频在微博上的应用越来越多。好的图片，配上简单的一句话，可以获得很好的传播，例如知名微博“英国那些事儿”。很多推文字数不多，但转发和评论数据亮眼。长微博需要配图片，短话题也一样需要。

一些可以帮助提升阅读浏览体验的外部工具，在实际运营中也可以经常使用。如长微博工具、美图秀秀等。

掌握好微博的发布时间。同样一个内容，在不同的时间发布，所取得的效果完全不一样。通常访问微博的高峰时段为上午 7：00～8：00 和 9：30～10：30，中午午餐时间、下午 14：00 以后会有一个小高峰，然后是下午的 17：30～19：00，晚间休息时间较适合轻松话题和深阅读。要控制好发布微博的节奏，发布太频繁会引起粉丝的反感。如果没有特别的热点，建议发布间隔不低于 15 分钟。

热点借势

热点借势是企业官微运营最值得做的工作。通过独特的切入角度，找到企业与热点的关联，进而形成推文，往往会获得非常好的传播效果，对圈粉很有帮助。

建立官微的快速反应机制。对热点要保持日常关注和搜集，发现热点后及时启动策划，实施选题审核流程，确保上线时间。在人员安排上要避免有热点出现却没人跟进的尴尬情况发生。

考虑差异化。如果竞争企业的官微也经常做热点策划，那么在选题策划时要分析对方的策划角度，力求差异化。互联网时代，网民的眼睛是雪亮的，盲目跟风虽然会获得一定的热度，但收效一般。

如果企业资源不足，就需要采用“跟随跑”的策略。如果企业缺乏优秀的策划人才或团队，就需要采用“跟随跑”的策略，以模仿套路应对。这种做法收益小，但相对投入的资源和时间也少。

有些热点不能盲目跟风。例如涉及社会阴暗面、官方负面、饱含争议、低俗八卦的内容，企业要规避或者谨慎介入，尤其是涉及政府和体制的负面热点，一定不要碰，以免触及监管底线。当网民观点存在争议时，不要在争议事件中轻易站队，这样往往得不到同道的赞同，反而会被对立面盯死。在突发灾难性事件中要恪守企业责任，一定不要用轻松语气随意评论，祭奠、缅怀、加油、赞助慈善要严谨、有节，避免处理不当，引起粉丝和网民反感，影响企业形象。

UGC 内容

UGC 是指企业通过粉丝获得的原创内容和素材。通过主发和转发的形式展示来自用户的优质内容，会提升企业官微的话题专业性和活跃度。UGC 内容可以有效补充企业官微的内容来源和角度，丰富粉丝触点。一些 UGC 本身是行业专家或企业家，更能帮助官微提升在粉丝中的影响力。UGC 内容需要通过日常的积累，慢慢丰富。一个乐于奉献，支持官微发展的 UGC 用户群是企业官微的重要资源。

☞ 关注数据指标

企业官微的数据统计分析是个技术活。对于数据带来的意义和价值以及可能对企业的影响，都需要很好地解读。

需要关注的企业官微的主要数据有账号活跃度、内容价值、活动参与数据、粉丝数量与质量等几类。

账号活跃度主要是指每天发布微博的数量与质量、原创数量与质量、原创与转发比例。

内容价值主要体现在网友的评论、转发、点赞数据及其质量。

活动参与数据是企业官微组织线上线下活动的频次、参与人数、影响覆盖人数。例如一场 80 人参加的线下沙龙，通过现场引导和奖品激励，若每人都发布微博或在微信朋友圈转发，以平均每人 200 个好友的基础值预估，活动预期会影响覆盖 1.6 万人。

粉丝数量与质量主要包括粉丝总数、用户分布、活跃粉丝数及互动粉丝数等。

对于这些数据，以周、月、季、年为周期，进行深入分析，可以清晰感知企业官微的运营状况、影响力增长情况、新媒体价值发展状况等。

对企业官微的 KPI 考核指标不宜太多，以活跃度、打开率比粉丝量、阅读量、点赞量等指标来衡量较为合理，但在不同发展阶段，考核指标也应有所侧重。

新媒体带来了打破传统传播渠道局限的机会。那种打一枪换一个地方，打个广告就能拓展渠道的时代已经过去。通过有效的微博传播，企业不再忧心“酒香也怕巷子深”，也不再害怕“黑”媒体的封杀和其所谓的潜规则。

新媒体运营会随着时间的变化而变化，永远都存在进一步优化的空间。一个企业官方微博的运营，并不是表面看到的那么简单。

第五节　官微运营技巧

微博对企业的价值不容忽视。只有当企业充分认识到微博所具有的营销价值和能力时，对其的运用才能有的放矢。小米公司的官方账号和高管账号超过 20 个，粉丝总量超过 2300 万。如此庞大的粉丝群体，帮助小米实现了对新产品的快速传播。

在搭建好企业官微账号，开启新媒体之旅之后，想要吸引粉丝关注并不容易。“半死不活”的官微比比皆是。

移动互联网时代，用户日益理性，加上不断增长的新媒体平台，企业在单一平台获取粉丝的难度越来越大。

☞ 不同阶段不同策略

初创期企业应先构建天使粉丝群，策划几期爆款内容，以低成本投入，覆盖海量用户，短、平、快地帮助企业突破发展瓶颈；成长型企业则应专注于沉淀粉丝、社群推广和用户转化，提升企业品牌价值，打造营销新渠道；规模企业则应着力于提升粉丝数量，增加用户的黏性，通过粉丝反馈，促进产品创新，形成营销新格局。

在娱乐至死的年代，接地气最受欢迎。卖萌最容易，反馈效果也最好。在一些领域，具有二次元属性的小编文案更容易受到粉丝的追捧。千万别把官微当作官方声明的布告栏，自然表达就好，没必要时时刻刻都如履薄冰。当然，正确的“三观”仍是底线，随意扭曲只会损毁企业形象。

☞ 注重借势营销

大部分社会热点话题都是在微博上发酵、传播乃至引爆。企业可以借势开展实时营销，通过策划创新性活动或话题，依托病毒式传播实现粉丝转化。

如何追热点有技巧。如果简单地说杜蕾斯是因为产品有特点，能够放得开，用“天然污”来吸引粉丝，这显然否定了其创新能力。在做热点营销时，杜蕾斯的新媒体运营团队其实也在做很多爆点策划的突破。从其数据上看，也并不是所有的策划都能引爆传播。保持良好的心态，是做好企业官微的基础。

秉持开放心态，抓大放小，注重细节，结果导向，以终为始。要想做好企业官微，需要具备一些互联网精神。放开旧有小格局，抛弃一家一地的小门户思想，充分发挥互联网精神，乐于分享、提供价值、敢秀敢现、不怕围观和质疑。

☞ 内部充分放权

做好企业官微账号，很重要的一点是企业内部要做到充分放权。除官方发言通稿之外，运营和营销策划都要下沉到一线。一线决策以结果为导向，在放权的同时，用定位和策略统一思想，在具体执行上，大胆创新。企业新媒体最怕的就是层层审批、审核预览、反复修改。一般的稿件完全没有必要锱铢必较。官微在大部分时候只是个社交媒体账号，仅此而已。

☞ 用户参与

企业官微具有“人格化”“网红化”的运营特征，要用内容抓住用户，摒弃传统阅读量的数据考核，引领用户一起参与到打造品牌和经营产品。

不要使用微博来记录日常的流水账，或仅仅用于推广产品。内容有用、有趣，能够吸引用户参与，才能确保信息有分享价值。

与关键意见领袖建立良好关系，互转互助。现阶段，关键意见领袖效应更加明显，如活跃企业官微、网红。构建官微微博传播矩阵，多利用内容推送或大号转发的形式来实现传播目标。适当建立一些营销小号与企业官微相呼应。

2016 年年初，海尔官方微博粉丝为 15 万。这个数字，是海尔官微积淀很久之后的结果。在用户心中，海尔官微不只是产品品牌，还是服务者、倾听者和陪伴者。抢热点、抢热评，海尔官微在非常活跃的热点里，放下身段与粉丝互动。给觉得最“污”的明星投票、和海尔君对个对联……隔几条微博就有一条是与粉丝互动的内容。该类型的微博评论量大多在 1000 以上。追星、追剧、刷话题、看热搜、评论感兴趣的内容……用特别接地气的运营，逐渐累积起海量粉丝。甚至有一些热点，粉丝会主动 @ 海尔来关注和评论。

汽车作为重工业产品和高科技产品，似乎要求体现高大上和严谨，但车企的官微也完全可以接地气，如吉利的官方微博，通过发海报、暴走表情、说段子等方式，体现人文关怀，在轻松娱乐的氛围中扩大了影响力。这种接地气的做法，在社会化媒体中对粉丝更具渗透力。

与传统媒体不同，新媒体的传播是双向甚至是无序的。粉丝会用通过投票、评论、点赞和转发。从海尔和吉利的案例来看，企业官微如果想赢得粉丝的追捧，跟粉丝“做朋友”是必需的。

很多企业的官微都做外包。其实，企业新媒体要运营得好，还得自己运营。供应商或乙方往往会报喜不报忧，对某些重大负面反应延迟。毕竟，多一事不如少一事，况且不是自己的事情。企业如果实在没有精力自己运营，必须找供应商，最好不要图便宜，要找一流的平台，与懂行的新媒体专家合作。

第六节　新闻客户端的生存法则

以今日头条、一点资讯为代表的新闻客户端，通常会开通给自媒体、媒体、企业等机构入驻。企业可以通过入驻，增加面向用户传播信息的渠道。

当前，新闻客户端采用的 UGC（用户生产内容）、PGC（专业生产内容）、AAC（算法迎合需求）等不同的运营模式。UGC 和 PGC 正在得到广泛重视。腾讯发布的相关调查显示，在 2016 年，63% 的用户将新闻类网站及移动客户端作为获取新闻的首要途径，人均使用 1～2 个新闻客户端已成常态。

自媒体平台的不断进化加速了内容产业的进步，超 7 亿新闻客户端用户正在成为媒体、自媒体、企业发力的新舞台，从打广告争天下到得用户者得天下，互联网为企业的发展提供了新机遇。

自媒体从最初的兴趣化产物已经演变成大众均可参与的新型创业模式，诸多自媒体大 V 获得了非常可观的广告和商业收入，部分企业的自媒体甚至也能收到其他企业的广告订单。

能够在移动端发力的企业新媒体平台，主要包括微信公众平台、新浪微博、今日头条、一点资讯、百度百家、搜狐媒体平台、360 自媒体平台、企鹅媒体平台、QQ 公众号、UC 订阅号、网易媒体开放平台、凤凰自媒体、豆瓣网、简书、界面、知乎、钛媒体、虎嗅网、艾瑞专栏、亿欧专栏、北京时间号、新浪博客、东方财富博客等。

☞ 当下主要的新闻客户端

今日头条

今日头条是一款基于数据挖掘的推荐引擎产品，它为用户推荐有价值的、个性化的信息，提供连接人与信息的新型服务，是国内移动互联网领域成长最快的产品之一。其传播内容主要依靠计算机计算头条号指数来判断推荐权重，头条号指数越高，获得的推荐就越多。此外，还会看文章的点击率。头条号指数包括健康度、原创度、活跃度、垂直度、互动度 5 个维度。

一点资讯

一点资讯已经把一点号和凤凰号全面打通，联合了一点资讯 APP、小米浏览器、OPPO 浏览器、凤凰新闻客户端、手机凤凰网、凤凰网 6 大分发渠道。凭借 1.5 亿日活用户和海量优质内容，成为业内用户覆盖面最广的自媒体平台。除了传统意义上的媒体平台，还有硬件厂商的支持，这样的联盟式新媒体平台渠道对企业的价值不容忽视。

一点资讯在产品形态上真正实现了个性化资讯订阅，其新闻内容由用户的偏好决定。作为一款兴趣引擎，一点资讯通过用户兴趣、身份、资讯、微博登录等社交网络上生成的信息数据等途径去分析计算，把握用户的特征。

百度新闻客户端

百度新闻客户端涵盖多个新闻分类，其中的百家号为内容创作者提供内容发布和粉丝管理的平台。百家号其实是百度百家的升级版。2016 年，百度百家把自己定位为百度新闻的衍生品。百家号整合了手机百度、搜索、好看、百度新闻等用户产品，让内容更便捷地在多个平台上展示。百家号提供了很多特色功能，在内容发布形式上，百家号可以发布图文和短视频。百家文章在百度搜索排名靠前，对企业产品的 SEO 非常有价值。

UC 头条

UC 头条起初是借助 UC 浏览器而发展成为曝光平台和初始根植平台。UC 浏览器坐拥 6 亿用户，活跃用户突破 1 亿，并可以分流一部分到 UC 头条。

知乎

知乎是一个真实的网络问答社区，帮助用户寻找答案、分享知识。在知乎上，可以通过提问、回答、在专栏上发布文章等渠道获取关注和点赞。知乎的传播也是靠阅读者点赞。它是个重精英的平台，也是一个非常强调个人风格和个人魅力的平台，面向的群体和领域均非常广泛。知乎上的企业口碑往往能影响本行业乃至互联网领域中的精英阶层。

☞ 入驻新闻客户端

随着时间的变迁，平台的规则和产品特性都会有所调整，企业新媒体也需要顺势而为。如果企业希望掌控一个属于自己的发声渠道，就需要策划一个与企业名称和品牌有关联，但又不那么商业化的账号名称。

许多公司通过这些平台提升了价值，扩大了品牌知名度和产品销量。但也有一些企业认为效果一般，非但没有达到预期目的，还感觉白白浪费了许多资金和人力。这里的原因不乏企业对新媒体认知不清晰、不了解，甚至是企业领导对新媒体乃至新闻客户端运用的认知处于初级阶段。

新媒体运营人员在实际工作中不能完全被领导牵鼻子走，要剖析公司和管理层的真实诉求，避免做了很多事情，劳心劳力却达不到目标。

企业开展新闻客户端营销和影响力建设，首要工作是对有兴趣入驻的平台进行全面评估。从平台的热点排行榜中找到用户的喜好和关注点；从平台发布的大数据统计中得出用户画像，例如年龄、学历及性别分布等，通过浏览热点文章和企业专业文章的评论，分析判断用户的专业度和层次，通过观察竞品和竞争对手在平台上的表现，找到平台的优势和不足。

对入驻平台的特性和用户喜好、用户层次有所了解后，企业就可以有针对性地进行精心策划。如果资源有限，企业可以单点突破，采用矩阵式账号传播的方法，即针对某一特别关注的平台进行企业自媒体账号的策划，寻求突破后，再尽可能地同步更新到其他所有的新媒体平台上。

新闻客户端更注重内容的传播，企业可以发挥的余地很多。下面是企业在新闻客户端进行内容传播的一些基本策略和方法。

第一，许多公司的内容策划往往围绕自己的产品展开，但一味地宣传产品卖点是没人买账的。先分析自己的客户群，发现这个群体的关注点，把内容定位在相关的领域上。定位明确就容易形成圈子，也利于口碑的传播。新闻客户端比微信和微博有更大内容运营空间，通常不用过分纠结于题材领域，偶尔跨界也能获得意想不到的效果。

第二，企业在自媒体平台上要避免说教式传播。有用、有价值的内容到哪里都会受欢迎。

第三，避免标题党，但也要在标题上结合平台用户的喜好，有所创新。

第四，多尝试平台的一些创新功能，通常在产品的创新之初，机会更多。

第五，不要一味把读者全部迁移导流到微信，新媒体矩阵各有优势，需要顺势而为。

第六，三、四线城市的年轻人和中产群体迅速崛起，成为新媒体发展的增量，交流越来越扁平化，内容越来越浅层化。企业新媒体既要随热点走，又要有定力，在“守正出奇”上，把发自企业内在的力量传递出来。

第七，企业做自媒体关键要适合自身业务需求。有一些公司的微博特别火，其做法并不一定适合所有的企业。虽然新媒体不能从根本上改变企业的命运，但在企业面临全面竞争的今天，一块阵地的缺失也会造成企业竞争力的不足。相反如果有所突破，将大大促进企业的发展和互联网环境下的转型升级。

第五章

处处都有真功夫

○社群运营

○活动运营

○引爆传播

○社交媒体上的内容营销

○借势营销的借与不借

○好内容是门槛

第一节　社群运营

2015 年被称为社群元年。通过“吴晓波频道”“罗辑思维”等案例，社群经济被普遍认知。基于移动互联网，社群成为连接消费者与品牌的最短路径。采用社群化运营方式，已经让小米、罗辑思维等企业获得了巨大收益。

“社群是互联网送来的最好服务”，这是吴晓波在谈及“吴晓波频道”时的体会。他认为，从公众号做到社群，最重要的是要具备共同价值观，即双向交互的价值认同感。

网络社群是由有共同爱好及需求的人组成的群体，其中有内容、有互动，形式灵活。社群实现了人与人、人与物的连接，提升了营销和服务的深度，建立起高效的会员体系，从而增强了品牌影响力和用户归属感，给企业发展赋予新的驱动力。

从 2002 年 QQ 群聊开始，经过论坛、SNS、博客、微信和微博等形态的变化，网络社群的发展呈现“中心化—去中心化—品牌意识化”的趋势。物联网、VR、智能技术等的推动，会让连接越来越精准、便捷、紧密。连接带给商业的最直接影响就是去中心化、去中介化、去边界化。

社群已成为企业与用户之间最直接的沟通平台。这是企业梦寐以求的事情。之前企业打广告，难以确定效果。一次广告铺开，销量增加了，但却不能保证下一次同样的投放，会达到同样或更好的效果。社群的出现，完全改变了企业与用户“两边黑”的局面。

企业创立社群，能够集中解决很多复杂问题，如产品的体验和改善、销售、客服、影响力、新媒体营销、广告费用，以及企业竞争环境改善等。用户参与社群，可抱团取暖，扩展人脉，学习交流，同行合作，了解垂直领域的信息，参与有趣的活动。社群的价值是双方甚至多方的共赢。

社群运营是一个体系化的工作，包括社群定位与架构设计、社群粉丝引流与引爆技术、社群活动策划与日常运营、社群裂变与多平台拓展、社群变现与营销策略、社群应急事件处置及社群运营工具运用等。

社群对于企业的价值，不应仅是卖广告、卖产品、卖服务、做众筹，更应来自于当社群成为品牌之后。通过社群成就一个品牌，使社群成为价值观的载体，最终才能通过品牌延伸，构建企业的营销生态圈。早期的小米公司就是一个很好的案例。

最常使用的社群是微信群、QQ 群、微信公众号，其次是自建 APP 与网站。从目前的趋势来看，自建 APP 和网站越来越受到重视，正在逐渐向主流平台发展。

企业通过社群可以聚集核心用户，核心用户数可以是几百，也可以是几千。如果用户群规模超过 10 万量级，管理上就要多下功夫，最好的办法是通过某一产品来链接，如微信公众号或 APP。一个百万量级且实时在线沟通的社群是不可想象的，管理和维护更难。

由于社群粉丝数量规模局限，所以对购买频率低、价值高的产品，其价值更高。对于价格低、高频消费的产品，则不适合做社群运营推广。即使做，也很难拿出好看的数据。

☞ 为什么要建立社群

社群门槛低，非常适合初创企业。通过社群获取早期用户的关注和反馈，可以大幅度降低企业运营风险。社群是入口，通过吸聚海量粉丝，以产品链接粉丝与企业，进而实现商业转化；也是销售渠道，通过售卖产品直接赢利。社群是连接用户最直接的平台，企业可在第一时间了解用户对产品的体验和反馈。

社群运营是一项长期且浩大的工程。在创建社群之前，企业一定要想明白在社群建设上能够收获什么，构建社群对企业传播是否有提升。

并不是所有企业都适合开展社群运营，也并不是所有企业都能做好社群运营。这取决于企业的品牌与产品定位，也取决于企业是否有能够驾驭社群的人才。不少几百人的企业社群，在建立之初，成员之间还相互讨论、交流观点，但很快就演变成“广告灌水群”，甚至充斥不良广告，而社群的管理员却置若罔闻。

一般来说，建立社群可实现如下功能。

（1）建立用户关系，帮助企业快速组建天使用户群。例如小米手机，通过建设手机极客社群，在产品设计和体验改善上发挥了重大作用，并在销售环节起到病毒式传播和对 PGC、关键意见领袖的推广作用。

（2）帮助企业新媒体矩阵推广内容，构建 UGC 内容渠道，建立更广泛的内容原创体系。企业新媒体账号发布的内容可通过社群实现很好的传播。在选题阶段，社群 UGC 可以提供更多线索，甚至提供高质量的原创内容，丰富新媒体账号关注的广度和深度。一些来自一线用户的评测文章，更真实，也更能获得潜在用户的认同。

（3）帮助投资机构和媒体平台快速对接各方资源。类似恩美资本的模式，通过建立数以百计的恩美路演群，零距离对接恩美平台方、投资机构和初创企业创始人。

（4）电商售卖。一些海淘平台和时尚买手可通过社群运营，建立粉丝社群。日常提供穿搭内容，并提供对应的商品链接。粉丝不仅不会觉得被打扰，购买意愿和转化率反而更高。关键是社群发起者对粉丝要有足够权威。

（5）人脉圈。如正和岛、黑马营，定位于企业家群体，围绕创业者建立生态链，帮助企业创始人构建和完善自己的人脉圈，使企业获得更多的机会。

（6）兴趣群组。如赛艇俱乐部、自驾俱乐部、高尔夫球会等社群组织。这类社群虽然不会对企业有直接帮助，但其聚集的高端人群有更多商业价值可待挖掘。例如做汽车改装的企业，可组织自驾车友会，在与车友出游的同时，帮助修车或改车；同样，高尔夫球场可在已有会员体系上建立社群，通过人际关系吸引更多高净值用户了解并喜欢这项运动。

（7）打造品牌和影响力。社群用户之间的紧密关系，并非简单的交易关系。通过社群的日常沟通，可实现在交易之外的情感连接。社群运营会潜移默化地影响用户，让用户更加认同企业。若再通过有奖活动、促销、赠品、线下活动，会让企业更快走进粉丝内心。

（8）病毒式裂变。利用社群模式快速裂变复制。在互联网领域，当用户累积到一定量级，商业模式就自然而然地出现了。同样，企业能够结合产品诉求，找到与粉丝病毒式裂变的玩法，快速构建数以千计、万计的粉丝社群，将大幅改善企业从品牌到销售过程中的很多问题。

☞ 明确定位

当企业知道通过社群运营能够获得什么之后，接下来需要思考的是目标群体和产品定位。

在这个阶段，首先要设计联系群成员的纽带，是产品、内容还是服务。社群必须有一个载体作为入口，例如，小米社群的纽带是手机。互联网时代，商业逻辑发生了变化。过去是先有产品，再去找渠道，找用户；如今可以先找用户，再发起众筹，生产产品。企业社群运营的实质是改善用户关系，解决销售问题。

因此，对企业而言，首先要明确定位，根据定位重新定义目标用户。根据用户画像快速构建社群。

企业如果要改善产品，就需要构建发烧友社群；如果要进行品牌传播，就需要建立行业社群，或主题内容型社群，一方面帮助群成员，另一方面引导群成员之间的互助和连接；如果要实现产品售卖，就需要邀请有相关特性的用户加入，并时时提供用户所需的资讯和产品。

社群运营一定要落到实处。这种直面用户的场景，不能有任何大意和拖延。关于企业产品的问题，立刻就会扩散到不可预知的环境。如果企业没有在内部改善流程，是否进行社群运营就需要慎重思考。

产品是凝聚群成员关系的媒介和满足群成员需求的解决方案。仅仅提供文艺情怀的社群不会有太高的商业价值；而仅发布企业产品推广和促销信息的社群，也会掉粉。只有了解并抓住社群目标群体的实际需求，并能够解决这些需求，社群才能真正产生价值，被用户认同，才能更好地扩张。

社群是以服务为导向的。解决社群成员需求，提供社群成员价值，才能更好地吸引更多用户加入。清晰定位、明确方向，是企业社群创建之初就要考虑清楚的。

如何吸引粉丝

创建社群，首要任务是引起粉丝的注意。作为人与人的聚合体，缺少了真实粉丝的存在，社群便无从谈起。最简单的粉丝引入，是把企业的现实用户直接导入到社群内。仅导入老用户还不够，还要借助不同的平台汇集粉丝，并打通社群之间的通道。

在社群建设中，具有奉献精神的UGC用户十分重要。衡量社群生命力的标准不是仅看社群总人数，更重要的是看价值贡献者UGC的数量。

著名人类学家、英国牛津大学教授罗宾·邓巴（Robin Dunbar）曾提出“150定律”，即著名的“邓巴数字”。邓巴根据猿猴的智力与社交网络推断：人类智力将允许人类拥有稳定社交网络的人数是148人，四舍五入约为150人，而深入跟踪交往的人数为20人左右。这是由人的大脑新皮层的应对能力决定的。

所以，无论是大咖网红建立的粉丝社群，还是企业发起的用户社群，在社群中有足够数量的具有奉献精神的粉丝，才是社群成功运营的重要因素。

例如，小米在社群运营之初，在各种发烧友论坛上做了很大的努力。通过在各个平台上的吸收，将粉丝沉淀到小米自建的社群平台上。

可为企业社群引入粉丝的互联网和移动互联网社会化媒体平台主要有微信、微博、论坛、贴吧、豆瓣、知乎、博客等。

微博

微博具有开放式、病毒式传播等特点，可以起到很好的引流效果。微博可以从社交关系链、原生广告、数据中心及实用工具等方面对社群形成促进。微博用户的信息是开放的，企业可以通过搜索目标群体所对应的标签用户，通过私信的方式与其沟通和交流，而后拉入社群。微博每天都会诞生大量的热门话题，积极参与话题讨论，精心策划植入方式，就会起到很好的引流效果。

微信

微信包括个人号和公众号。可在微信公众号的文章中植入社群说明，来吸引感兴趣的粉丝关注并加入社群。

百度贴吧

对“90后”年轻群体而言，贴吧仍是主流产品。百度贴吧是最具社群属性的互联网产品之一，策划吧名、管理、运营皆由网友自发完成。在贴吧找到具有相关兴趣标签的用户很容易，企业需有技巧地做好沟通及引流工作。

知乎

知乎作为知识分享类网站，近年来发展极为迅速，用户群体也比较高端。通常来说，行业属性强、兴趣及职场类社群，较为适合在知乎进行粉丝聚集。

新闻客户端

在文章中做技巧性植入，或主攻相关主题文章的评论栏。如果找PGC，可直接联系作者。

直播

通过邀请网红、大咖助阵，或企业创始人现身说法，吸引用户关注并沉淀到社群。

此外，还有很多可以引入粉丝用户的平台，如论坛社区中的垂直版块，优酷、爱奇艺、腾讯视频、哔哩哔哩（也称B站）等视频平台如果采用付费转化社群的策略，仅适合单价高的产品。

社群粉丝引入是慢工细活，切记用户质量比数量更重要。

☞ 社群建设的初级阶段

目前，社群运营的主要问题集中在拉新、转化、留存及变现这4个方面。

初期种子成员数量的选择，要根据社群的不同阶段而定。前期尽量不要太多，以保证质量。如果一下聚集几百个粉丝，从沟通到活动组织，都是非常复杂的事情。从几十人开始，寻求配合度高的粉丝协助，让他们作为核心价值提供者，带动社群的发展，这会提升社群运营的成功率和效率。

在维护社群用户活跃度方面，可采用线下组织活动、线上共享资源与信息、为社群成员提供优惠福利等方式。从线上延伸到线下，建立更加紧密的成员关系是网络社群良好发展的关键。如果没有活动催化成员的关系，彼此没有交互，社群就是一盘散沙。

社群是一群志同道合的人的聚集与连接，线下活动是保持社群生命力和活跃度最为重要的保障。例如，黑马营在各地组织活动时，往往会打出鲜明的平台赞助的横幅。这不仅提升了社群活动的氛围，也能不断强化成员的身份认同和荣耀感。

对于产品型社群而言，最重要的是打造一套极客文化体系，塑造极客文化氛围，类似小米的“为发烧而生”。

从认知到行为，从文化符号到仪式展演，由内而外全方位提升成员的专业认知，为社群建立品牌护城河。通常采用的手段是提供一套鉴别方法，与竞争对手在各个指标、参数体现出差异性。目前来看，一个新产品想要迅速从山头林立的市场脱颖而出，除了找那些已成名的品牌过招，没有其他更好的方法。无论是小米、滴滴还是钉钉，无一例外都是拉着竞争对手围绕各种指标、参数 PK。这种做法，不仅赢得了更多成员的垂青，也为成员创造了对外炫耀的资本。

如果社群平台众多，很容易造成短板效应。没有任何一家企业可以在所有的新媒体平台上表现俱佳。同时维护多个社群平台，一旦一个社群平台运营不佳，会导致其他社群平台的影响力跟着下降。所以，在创建社群时，首先应分析品牌、粉丝及目标用户特点，找到社群平台的主战场，才能组建更为精准的社群。

目前，很多企业把活动重点放在新产品体验或邀请粉丝参观工厂、观摩生产流程等方面。但是在活动组织过程中，企业往往过分在意活动的影响力或规模，甚至粉丝成员的档次。实际上，社群活动最大的价值在于用户的认同，在于增强企业社群的凝聚力。

“扛过枪，同过窗”。社群成员必须要一起做事才能加深和固化彼此的感情。优秀社群的基础在于让对的人在一起做对的事。共同目标和价值观可以增加成员之间的情感连接，让弱关系升级为强关系，这也是吸引新成员加入的关键要素。

社群裂变，培植自组织。社群的发展壮大离不开裂变，裂变的前提是社群已经形成一套成形的亚文化体系和运营机制。社群裂变并不是由社群领袖主导，而是依靠社群内的核心成员主动发起。

社群场景化极大地增强了社群成员的仪式感和体验感。社群需要通过仪式来宣告它的存在，弘扬社群的价值主张。举行仪式可以强化社群成员的共同价值观，增强成员间的凝聚力。仪式感的塑造应统一化和符号化，无论是语录体系还是外在的衣着、行为，成员统一整齐的行动带给心灵的震撼是产品无法比拟的。

总之，对内，社群需要通过一系列活动聚拢成员，强化成员关系；对外，社群应宣扬核心价值，吸引新成员加入，不断向外界宣告社群的存在。

☞ 社群运营平台的选择

社群起源于聊天室，过渡到论坛，慢慢发展成 QQ 群、微博群、微信群等各类社交平台群组。不同的平台有不同的优势和缺点，选择社群运营平台，应该根据社群的属性、目标群体、社群类型等确定。

如果设定为微信群，则在微信上的传播更为重要；如果设定为 QQ 群，那么在 QQ 群、QQ 空间、互联网的传播更为重要；如果选择微博，则要选择微信或 QQ 群作为聚合交流工具；如果选择贴吧，那么在贴吧之外也要有一个方便联络的 IM（实时消息传递）群组作为支撑。

选择社群运营平台也要结合企业自身特性。淘宝达人可能只要建立一些淘宝旺旺群就可以集中管理和发展了，而且还方便售卖产品，解决客服问题。时尚服饰类企业需要考虑到病毒式传播，微信群就会是一个很好的选择，通过粉丝在朋友圈的转发分享，可获得更多关注和订单。

如果企业的目标用户为低龄学生群体，可优先选择 QQ 群、百度贴吧；如果是发烧友，微博和贴吧是很好的信息收集平台，沉淀用户则需要企业单独建立网站或 APP，快捷交流面则需要微信群或 QQ 群；如果是高端职场人士，可优先选择微信和微信群。

当前互联网中主流且适合社群运营的平台主要有微信、微博、QQ、百度贴吧、陌陌、知乎、豆瓣等。另外，一些专业的社群服务平台也受到越来越多的重视。

选择哪个社群平台建群不是绝对的。在创建社群之初，要先分析目标群体，分析他们通常呈现的互联网行为，然后再选择合适的社群平台展开运营和沉淀，这样才能创建一个更精准、更有效的社群。

☞ 社群的价值在于运营

社群运营是一个技术活。一般性社群运营需要专门的执行团队，分别承担拉新、促活、互动、内容、活动、策划、客服等职能，由企业负责新媒体运营的部门进行监管执行。运营之初，全员参与非常必要。通过公司内部人脉圈资源，挖掘核心用户群，比大海捞针式的行为效果好很多。

用户的需求往往是多方面的，通过社群能够从聚合到细分，无疑可以帮助用户获得更高的社群价值。哪怕是在行业发烧友社群中创建立一些新的玩法，如万步营、晒早餐等，也能让社群文化更为丰富，具有亲和力。

一个社群的运营质量可以从粉丝数量、留存数量、社群带来的业务数据、社群氛围、内容数量与质量及核心成员的质量与价值等方面进行评估。

（1）社群要有共同价值观和目标愿景。企业社群不可仅以利益奖惩等进行驱动，更要有人文情怀、使命追求和愿景等价值观层面的驱动力。

（2）社群需要有很好的规则制度。需要建立激励机制、会员积分体系、奖惩机制等一些具有凝聚力的制度并很好地贯彻执行。对社群成员的评价主要参考参与度和贡献值指标。社群发展到一定阶段后，一定要将社群成员按照贡献度与影响力划分层级，不同层级的成员权限不同。激励包括利益激励、荣誉激励和情感激励。社群激励的关键是给出简单而清晰的目标，然后逐步实现。

（3）偏经营属性的企业社群建设需要付出更多努力。这种付出包括：创始人的情感和时间付出，如雷军对小米运营之初的付出；活动策划和传播，如正和岛、长城会等企业家社群；人员层面的付出，如恩美资本建立的路演群；最重要的是资金投入，投入少，不仅很难成事，而且会白花钱。

（4）社群模式具体企业具体分析。对于手机、耳机、手表、可穿戴设备、VR、智能产品等企业，其最佳的社群模式是极客发烧友。这些极客不仅是最好的产品经理、外形设计师、技术工程师，还是最好的众筹、预售的参与者和传播者。

（5）尝试满足社群用户的第二需求或爱好。对于像汽车、房产、美容、旅行等低频消费行业，除了可以用公众号为用户提供有价值的内容，还可以进行延伸，基于用户兴趣做子社群运营，以增强黏性，如高尔夫群、亲子群及养生群等。

（6）数据化运营。社群的数据化运营包括对社群本身的数据分析和对产品业务影响数据的分析两部分。对社群进行数据分析，目的是提升社群的粉丝数量、留存数量、社群带来的业务数量、社群氛围、内容数量与质量、群核心成员质量与价值等指标。用户行为分析是基于用户行为的分类统计；内容分析则是对用户产生的内容数量和内容特征的分析。用户行为分析的目的是将用户进行分类，根据其不同特征，进行精细化管理，以促进用户的活跃度。任何企业的投入都是基于商业目的的，企业运营社群的目的就是为拓展业务，这就需要清楚了解一个时间周期里社群对业务数据的提升效果。如果效果差，则停止社群运营；如果效果好，则加大投入。

在社群达到一定用户量级后，要进行优胜劣汰式的迭代，不断将对企业最有价值、最有奉献精神的用户聚合到核心用户社群，而把那些表现不佳的用户疏导出去。要投入大量精力和时间做核心用户群的运营和沉淀。坚决快速地将恶意用户剔除社群，并做好沟通和客服工作。

未来，当社群成为整个商业的标配后，基于社群谈社群显然不合时宜。无论企业是否认同、接纳，社群经济都以野蛮生长的态势在移动互联网生根发芽，经营社群的能力将是未来任何一个企业的必修课和必备技能。

第二节　活动运营

活动运营的范畴较宽，不仅各个企业对其定义不同，互联网公司和传统企业对活动运营的认知也不尽相同。

活动是新媒体运营人员的基础工作之一。活动运营应紧紧围绕用户和内容进行，是用户运营和内容运营的自然组成和天然延伸。活动运营是很好的促销、拉新、激活方法。不同于内容，活动在大方向没有问题的情况下，可以包容细节上的瑕疵。人是有个性的，一场线下活动可能有几百人甚至上千人参加，即使做好各种预案，活动现场也难免出现不如人意之处，企业领导和执行人员应对此有包容心态。

线上活动覆盖的人群大多可达数十万，而线下活动汇聚的往往是企业的核心用户。活动可以有效提升用户的活跃度，并帮助用户之间建立关系。鼓励用户之间交流，能让企业收获更多的附加价值。活动之后，直接促成投资或交易的情况屡见不鲜。

不同企业的产品和品牌特征不同，就像穿衣服也要结合一个人的性别、身高、体重、气质等一样，企业在做活动运营也要结合自身的品牌特征加以塑造。

活动运营需秉持结果导向。每次活动都要有明确的运营目标，并在活动结束后进行数据总结和分析。活动执行人员要对流程有严格的掌控力，把握活动的节点，推动活动的顺利开展，及时调整遇到的突发状况。企业活动运营的目的是多方面的。活动运营与促销、拉新、增粉、影响力传播等有关内容、产品和用户都脱不开关系，所有活动都是为内容传播、产品销售、拉新和激活用户服务的。

☞ 明确目标

企业应明确每一场线上或线下活动的目标。一般主要目标只能有一个，想同时实现多个目标，往往需要海量的资源投入和多年的品牌沉淀。

通常，在企业新媒体产品周期的不同阶段，活动运营的重点也不同。

在企业新媒体运营之初，活动运营的重点目标是拉新。在企业产品还未上线时，就需要开始思考如何获取用户。无论是餐馆印发传单及优惠券，还是滴滴在运营早期赠送代金券，都是为了实现拉新目标。

在产品发布初期，提高用户留存率也是一项非常重要的工作。留住第一批用户至关重要，这几乎事关产品的成败，但前提是产品足够好。如果企业的产品有问题，而导致用户无法留存或者留存比例极小，活动运营将毫无价值。

一段时间后，企业积累了一定用户，企业新媒体也积累了若干粉丝，此时，活动运营目的则是帮助改善用户的活跃度。通过活动策划，引导用户产生购买行为。如果希望激活沉默用户，则要分析沉默用户的形成原因。

如果企业的目标是丰富新媒体内容，引导用户向 UGC 方向发展，那么活动的主要目的就是引导用户产生内容或提供建议。如果企业有自己的产品社群或新媒体社群，这项工作的开展会更加便利。

不同的目标，需要不同的活动形式。企业在明确活动目标之后，就可以集中精力进行活动的早期策划。

☞ 常用活动思路

明确了活动运营的目标之后，接下来就要选择正确的活动形式。不同的活动形式获得的用户不同，活动效果也不同。例如，线下活动很难召集几万人共同参与，而在线上就很容易实现。

以下列举社会化媒体平台常用的活动形式。

微信

包括线上分享、病毒式 H5 传播、公众号留言点赞、微信群抢红包、签语、大转盘抽奖、有奖转发、有奖问答、有奖调查、投票排名、微砍价、微拼团、微信签到、趣味测试、微助力、一元购、微秒杀等。

签到

包括每日签到、连续签到、特定时段签到等，可附加 LBS（基于位置的服务）、图、文等形式，给予用户相应奖励。此活动的目标为活跃和留存用户。

测试

输入如星座、姓名、年龄等条件进行测试，增加趣味性。适合引导用户传播的活动。

贴吧

包括抢楼盖楼、投票、拍卖、晒照片、征集评比、签到、直播贴、吧友联谊、贴吧公益等。

微博

包括转发抽奖、晒图文、粉丝投票、微博抢沙发，以及视频、广告语、文章、创意等征集活动和话题活动（如吃甜粽子还是咸粽子）等。

晒内容

引导用户发布特定类型内容，直接奖励或通过评选奖励，可提升用户活跃度和培养用户习惯。

投票评选

让用户自己拉票，起到病毒式传播的作用。引入争论性话题让用户表达各自立场，适合引导用户表达观点和交流的活动。

征集

收集用户作品或建议。其对于增强用户参与感有较好效果，可定期或长期举行。

抽奖

可定期或长期在微博平台策划一些转发抽奖活动，活跃气氛。注意剔除一些专门参加活动的低质量用户。

发红包

在微博上发代金券、红包等。

线下活动

包括培训、现场扫码、地推、直播、产品体验、节日营销、促销、公益、周年庆、产品推介会、发布会（如苹果公司春秋季新品发布会）、赞助各类赛事论坛、系列主题、晚会（如“双十一”购物节）、庆典、展览会等活动。

在各大节日，企业搭配相应主题的活动可快速与用户形成情感共鸣，参与人数、拉新和转发的效果都会很好。

有奖活动是增加粉丝的最有效办法。企业可以策划简洁的用户参与环节，提供丰富的奖品刺激用户参与。特别是电商、游戏类企业，为促进用户消费，就要经常策划优惠活动。

☞ 活动策划的主要内容和思路

一些活动细节需要在策划阶段就考虑清楚。

策划内容

下面简单罗列活动策划的一般性项目，小活动可适当简化，大活动也应突出重点。

活动主题。活动主题要简明扼要，文案要有冲击力。

活动目标。根据不同的目标确定主要指标，如拉新、激活、销售、品牌传播等。

目标用户群体。明确了目标用户后，才能正确地展开策划，进而在推广阶段有的放矢。

活动时间。包括内部活动筹备、策划、执行、结案等时间周期，以及外部呈现的活动起止日期和其他重要的时间节点。

活动规则。活动要有详细的规则和简洁明了的参与办法，还要有免责声明。

活动平台、地点、场景。包括公众号、微博、APP、网站、学校、商超等。企业需要根据活动目标和目标用户等情况，选择活动平台，确定是以某一平台为主，其余平台辅助，还是多平台并发。多平台并发的缺点是比较复杂，对活动组织要求极高。因用户注意力被稀释，活动的失败风险会增加。通常，一次活动聚焦一个主阵地平台，辅之以多点传播为佳。

活动爆点。一个活动至少要有一个能够打动目标用户群的爆点。如果活动不能打动用户，无论企业希望传播转发，还是购买产品，都很难达成目标。

活动文案。活动对外呈现的文案，需要结合企业特性、活动目标、用户群喜好，以及年龄、当前网络热词和流行语等撰写。

关键环节

活动策划与执行过程中，需要注意的关键环节如下。

流程控制。设置活动各时间点需要完成的工作项目，通过流程控制，把握活动推进的节奏，直到顺利执行完毕。主要包括活动内容、时间、范围、预算、人员配置、前期调查、宣传推广、活动设备安排、工作要求、细分任务、效果评估依据、物料清单等。

活动成本。无论是用投入换用户，还是用投入换销售，还是用投入换企业发展的时间和空间，都不能做亏本的买卖，要从可量化的角度分析活动投入的资源是否符合预期。

宣传排期。与供应商沟通推广渠道和关键意见领袖的推广排期，遇到问题，及时调整同段位的关键意见领袖。根据活动流程清晰列出每一个传播节点的时间和具体执行渠道、关键意见领袖等资源。重要的环节做好补充和加推的预案，根据传播情况及时做出调整。

设计与技术开发。无论是内部解决还是外包，排期和配合都很重要，需要协调具体执行人。如果是外包，需要了解对方设计人员的风格和代表作品。

风险控制。时间周期较长、规模较大的活动，一定要做好风险防范。要识别对企业无感知的低价值活动用户，同时，也要防范活动规则中的漏洞，遇到问题及时调整和改进，尽量在活动执行前做好各种预案。

活动复用和客服文档。砸金蛋、抽奖转盘等产品是业内通用的运营法宝。做好活动模板后，只要简单调整参数，便可多次使用。大企业的各级别活动或传播覆盖较好的活动都有可能触发用户投诉或咨询，因此需提前为企业客服准备标准客服语素文档，以应对用户咨询。

活动总结和复盘。可使用量化指标衡量活动效果。对于重大活动，在活动执行的各阶段也需要收集重要节点数据与截图，以便活动复盘。活动结束后，集合所有参与人员，进行口头和文字总结。从结果到数据，从效果反馈到影响辐射，总结经验，为以后开展活动提供参考依据。

☞ 开启活动策划

在活动策划的各个节点上，需了解以下技巧。

创意是活动策划最关键的因素

可开展专项策划讨论会，让相关人士充分准备后各抒己见。此外，还可定期组织运营、产品、技术团队的讨论会。

用户和社群的参与

做活动时，可征求用户的意见和建议。在核心用户群里征集大家的意见，可为活动带来更多灵感。目标用户不同，活动的标题、文案、内容针对性都有所不同。

设定适当的参与门槛

如果活动单纯追求规模，那么用户参与的门槛可以降低；如果活动目的是积累高质量用户，可适当提高参与门槛。需要注意的是，不能将活动环节设置得过于复杂，将目标用户挡在外面。

结合时下热点

结合热点可以吸引更多用户，激发他们的参与热情。

宣传图

宣传图包含活动的基本元素，包括活动环节、时间、地点、奖品等。

活动文案

活动文案要简洁，控制在 200 字以内。简洁的文案有助于让用户快速进入活理解动规则的阅读。活动规则要对活动进行简要介绍并对用户关注点加以详细解释，目的是让用户了解如何快速参加这个活动。

活动时间

活动时间的区间要标注清楚，时间最好具体到分钟。通常，一场大型的线上活动，时间最长也不要超过 1 个月。如果时间过长，用户可能会忘记这个活动。如果是简单的活动，一般需要 2 ~ 3 天。正常频次的活动周期一般在 1 周左右。如果活动涉及评选环节，时间至少需要两周，这样才能保证有缓冲和评选的时间。

评选方式

评选方式要尽量详细，例如用户如何才能获奖、奖品如何发放、活动结果以投票形式还是评选方式给出，如果采取投票的方式，如何规避刷票等。另外，邀请知名度高的评委可增加活动的质量和层次，这依靠平时积累的用户资源。

奖项设置

获奖人数的比例应根据奖品数量设置，奖品的价值和奖品需描述清楚，以吸引更多用户参与。

注意事项

活动执行中难免出现意外情况，需要在活动文案中解释清楚，如在文案末尾添加“本活动最终解释权归公司所有”等语句。活动策划者需熟悉微信、微博等社交平台的分享规则，避免删帖或封号等风险。给用户一个分享的理由，让他们觉得自己赶上了“潮流”。活动的话题性与关联性要强，让用户觉得参与活动是有趣的，能满足个性化需求。从用户的荣誉感、自我表达、身份认同等角度对驱动分享形成内部刺激，外部刺激则是具有吸引力的奖品和清晰明了的获奖方式。

☞ 增加活动成功的筹码

做一件事情，有利因素越多，成功的概率越高。

借势营销

结合热点、节日、网民关注焦点等，结合企业特性开展策划。可重点关注百度风云榜、微博热榜、微信指数等。

关注竞品，建立差异化竞争优势

学习和借鉴直接竞争对手是一种低成本方法，也是很好的竞争模式。在跨界经营越来越普通的环境下，超越企业现有的主要竞争对手，起码可以保证不会输。

资源互换、跨品牌合作

企业如果有自建的新媒体矩阵，可以通过资源互换，获取外部推广资源，增加自身线上、线下活动的免费资源。跨平台之间的品牌合作可相互导流、互换资源，以快速提升活动的规模。

细节上下功夫

全周期的细节决定成败，不容忽视。

用户积累

核心用户的带动可为活动营造良好氛围。活动开始前，需要在企业的核心用户群进行预热，并在活动发布后通过社群和新媒体渠道快速推出。

活动运营的落点是用户

在活动执行中要提取优质用户作为积累沉淀。

挖掘爆点

善于发现活动过程中的亮点，找到活动中的人、事作为爆点进行炒作、推广和宣传。

做好用户引导

考虑如何在活动的每个环节引导更多人加入，尤其是让更多有质量的用户参与进来。

提高活动执行的效率

有效的执行决定活动的成败。

☞ 良好的活动推广

在传播路径的规划中，应尽可能地了解传播渠道，以做好适合企业的活动传播路径规划。应优先利用公司内部自有资源和渠道进行推广，包括自媒体平台账号、微博、微信公众号等。

微博、微信等新媒体

包括官方账号和全员的个人账号。官方微博首页可以展示活动宣传图片，点击后可链接到活动专题页。同时，官方微博也可发起主题活动，配合活动全过程。官方微信公众号做图文推荐，为活动造势，也可推送活动预热宣传图文，或利用微信公众号页面作为活动主平台。

官网

企业官网是企业所有行为最终沉淀的载体。无论是新闻报道、企业新闻、大事记、营销活动，还是企业家的观点，涉及的所有对企业有价值的内容最终都要在官网进行沉淀。将活动推广的预热和落地页面放在官网上，也能体现活动的权威性和官方特点。

邮件推广

邮件推广的打开率虽然比较低，但仍不失为一个有效的渠道。

论坛

可在知名社区的垂直频道进行重点推广，在垂直行业的论坛内发布活动推广帖。如果是在线下门店举办活动，还要注意重点在所在地区的论坛发布。活动推广贴要有技巧，否则难以产生效果。

外部资源和供应商

即使是权威媒体举办的线下活动，也会邀请几十家、上百家媒体一起做活动的预热传播和现场报道。这种传播上的覆盖，无论企业还是有影响力的媒体都要重视。

关键意见领袖转发，软文投放

在爆款传播的具体执行中，大V、明星、关键意见领袖的作用至关重要。从默默无闻到发酵，乃至引爆传播，都需要大V资源的介入和推动。

广告投放

如果是以销售为目标的活动，不妨做一些广告投放，包括微信公众平台申请开通广告主，发布朋友圈和广点通广告，微博平台上的广告推广、DSP 精准广告等。

第三节　引爆传播

随着移动互联网时代的到来，一夜之间刷爆朋友圈、上头条等爆款传播早已成为“新常态”。爆款传播是移动互联网带来的红利。而这一企业曾经梦寐以求的事情，在当下存在着无限可能。

策划一个主题或事件，通过微信朋友圈、微博就可以快速覆盖全国网民，获得海量的关注。企业通过引爆传播，可以快速实现从“0”到“1”的突破。

在企业新媒体建设中，爆款传播的策划和执行应该贯穿运营的全周期。这涉及两方面工作：一是为企业提供爆款传播的策划和执行，二是沉淀粉丝和用户，对用户进行更为持久的连接和服务。

2011 年，杜蕾斯凭借“暴雨鞋套”引爆微博，成功在暴雨中引燃全国网友的娱乐精神，这种以娱乐化为主要特征的爆款传播正式被广大企业所关注。而像“蓝瘦香菇”“友谊的小船说翻就翻”“洪荒之力”等引爆朋友圈的网络热词的传播，往往都是多种传播因素综合作用的结果。

“蓝瘦香菇”是从 QQ 空间发起的，在百度贴吧经历了一段时间的辗转沉淀，被秒拍网红推荐后引爆流行，最终在微博平台爆发，并吸引了林更新等明星的加入。整个热点在缘起、发酵、引爆、爆发、消退的过程中，有明显的传播节点。网红大号、明星加入后，将传播热度迅速拉到峰值。网络用户的模仿与再传播也起到非常重要的作用。

爆款传播成功的最根本助力是企业本身拥有过硬的产品。打造优质产品是企业的基础，是必须做好的事情。

☞ 爆款传播的价值

每一个企业都应该尝试爆款传播的突破，尽管成功引爆互联网热点的并不多。

初创企业在发展初期经常会面临“鸡生蛋，蛋生鸡”的悖论，没有用户就没有品牌口碑，也就没有生意，而没有生意，就没有用户，同样没有品牌口碑；企业门店效益不好，希望拓展 O2O 渠道，或希望扩大电商渠道销售；新创立的产品型企业，如何让用户产生第一次交易，并引导形成复购和留存等，这些问题都可以由借助爆款传播解决。

爆款传播可以帮助企业快速解决用户初始认知难题。用户对于新的企业和产品的认知需要一个切入点，通过对传播主题的精心策划，可以很好地植入企业品牌。爆款传播是吸引大量用户关注、导入用户的一个有效办法，高品质的活动传播是对企业实力的最好注解。

适宜爆款传播的产品可以从快消品延伸到个人消费全领域，包括虚拟物品、游戏和服务等。

爆款传播可以完全基于线上，在社会化媒体平台上发起。也有一些热点是基于线下的事件，通过精心的传播布局和推送，最终在线上实现引爆。例如新世相策划的“丢书大作战”活动。

爆款传播可以通过一定的技巧和方法持续产出。如果方法得当，企业可以用最小的成本将品牌和产品推向数以亿计的用户。但切记，最小的成本并不是零成本。

☞ 准备阶段

在开展爆点营销之前，需要倾听用户声音，研究产品需要为哪些用户服务，发掘用户群体有哪些特点。一旦用户群体明确，爆点策划自然就有了针对性。目标人群一定要聚焦，不能宽泛，要定位于企业的目标用户。

爆款的出现看似偶然，其实背后有一定的共性。最重要的是分析当前网络环境中用户的情况，包括最近的流行元素和热点、预期热点传播时间段是否与其他热点冲突等。

需要分析用户关注和参与的心理动机，了解他们为何会转发企业策划的内容。研究如何让用户认为转发内容的行为不是负担，如何让看到标题的用户有兴趣点击，如何让用户在转发时感觉自己在参与流行等。

一般来讲，能够在短时间内吸引众多用户眼球的，通常是用户感兴趣的；能够引发用户的疯狂转载的，一定是真正击中其痛点的。例如，“友谊的小船说翻就翻”这一内容的传播，从文案到绘图，既生动，又形象，还直接抓住了用户的心理痛点。

与用户建立连接，并在企业产品的生命周期中不断为用户提供价值，可在传播信息的同时，收获用户对企业的关注。

企业信息传播不仅仅是公关层面的事情。团队应将重点放在各种垂直领域，在与用户沟通的过程中发现实时营销的机会。想要引爆传播，需要良好的创意和执行共同发力。真正能抓住用户注意力的是企业的与众不同，以及给用户带来的长期体验。

☞ 基本原则关键词

爆款传播可以通过一定的技巧和方法持续产出。这其中有原创者无数个日夜的苦思冥想，也有灵机一动的闪现。爆款传播有一些基本的规则，其关键词包括：简便、有趣、可展示、炫耀、新鲜、娱乐性、竞争、共鸣、痛点、广而告之、有用、公益性、重磅发起人、明星效应、热点、借势、有故事。

简便

包括活动的简单参与和便捷传播。首先要考虑的就是用户的参与成本。只有用户参与成本很低时，才能够引爆市场。其次是便捷性。用户需要简便地参与活动，简便地分享活动，简便地关注活动的发展并继续参与。简便是爆款传播最基础的原则，只有在满足简便性原则后，再增加其他引爆元素，才可能让爆款传播成功实施。

有趣

有趣是性价比最高、长尾效应最大化的关键。要考虑如何引导和增强用户的参与度和传播的兴趣。事件营销的关注度很大程度上是由话题决定的。如果话题的趣味性强，用户的关注度和参与度就会很高；如果事件的趣味性不强，则需要更多的推广；如果活动没有趣味，甚至仅仅是企业的商品广告，那么无论企业投入多少，都不会产生任何引爆效果。

有用

包括有用的内容、有用的信息、有用的奖品，依靠干货分享、奖品等方式吸引大众“上钩”。如果活动本身与用户的关联度不高，很难形成规模化的讨论。

可展示

活动的主题和内容应具有可展示、可传播的特性。不是所有的活动都能被所有用户接受和传播，用户是否参与、能否参与传播并转发到个人的社会化媒体中，内容本身起着很重要的作用。从活动主题到内容，再到奖品的设置，都要考虑目标用户的特征，对可能让用户感到不适的策划必须谨慎。

参与感

利用当前互联网环境的主流审美和价值观，与资深人士、明星参与一样的活动，促使用户产生“大家都在玩”的从众心理。例如 EMBA 穿越沙漠、马拉松、某品牌的粉红女子跑等活动。给参与者一个展示的机会，引导用户参与其中，并自动发起传播和扩散。

新鲜

新鲜的活动，往往会激发用户的猎奇和追随心理。企业在策划活动时，需要做好市场调研，盘点近期哪些活动的效果好，是如何做的。也要盘点近几年内，不同类型活动的走势。不能做过时的活动，更不能策划让用户厌倦的活动。

娱乐性

无论是恶搞还是全民娱乐，企业的爆款传播都需要具备“娱乐至死”的精神，能够提供娱乐消费的价值。或让大家回忆从前，或让大家玩味其中。娱乐性的活动策划往往裂变速度快、爆发力强、短期社会关注度高，而缺点是可替代性强、热度消退快、持续时间短。

竞争

在活动内加入竞赛元素，可提升参与度和投入度。例如，校园最美宿舍比赛活动，从投票开始利用参与者的人际传播进行扩散，可以很好地让活动获得在某些特定领域的引爆。

痛点

社会痛点的题材，在不踩监管红线的前提下可适当考虑。例如，描写北京房价现象的文章《经济学已经解释不了学区房了》等类似题材的内容，在 2017 上半年获得广泛关注和讨论。深入挖掘用户的痛点，就是在触动、感动、打动用户，让其为之付出行动。准确把握痛点，才能快速形成传播和参与。从产品销售上角度看，痛点的把握会让营销更具冲击力，大大提升转化率。例如，在某个时期，国内对婴幼儿奶粉的质量普遍担心，直接带火了母婴产品的海外代购，消费者纷纷购买新西兰、澳大利亚、荷兰等优质奶源产地的奶粉。这种产品营销策略，从用户痛点出发，实现了爆款传播的目的。

共鸣

细小的事情例如生活中的细节，往往能以小见大，也最能打动大众敏感的内心，从而引起共鸣。想要做到这一点，需要在深刻洞察目标人群需求的基础上，灵活运用时下流行做法，强力执行。文案内容要挖掘用户的日常所思所想，把用户想到但说不出的感觉，趣味化地展示出来。例如，微信公众号“黎贝卡的异想空间”就是将内容和商业销售高度融合的较好案例。在一篇时尚类文章内，做一个顺畅、具有技巧的广告植入，不但不会引起反感，用户反而纷纷转发，甚至直接产生消费。

广而告之

海量的覆盖传播可以拯救世界。即使策划很普通，海量的覆盖传播也能让“可红可不红”的策划火起来。如果策划的活动和内容具有爆款传播的多个特征，一定要投入资源进行传播覆盖，这样可以起到锦上添花，甚至起死回生的作用。

公益性

活动策划本身具有公益性，更容易得到网民和粉丝的关注和参与。在支付宝发起的集五福活动中，有一个浇水种公益林的环节，这种公益性元素让网民和粉丝在参与时的体验更好。另外，一个公益性的活动若在社会化媒体平台进行传播，可能会吸引明星、大 V、关键意见领袖的关注和参与。这种参与可能完全出于个人动机，但对活动本身的传播帮助巨大。

有分量的发起人

一次爆款传播如果有一位或几位有分量的发起人，会对活动效果有一定保证。例如冰桶挑战活动，最初仅受到小范围的关注，而在获得几个堪称关键引爆点的企业家大 V 的参与和分享后，直接引爆了更大范围的传播。

明星效应

要合理利用明星效应。明星群体的参与和分享，会让企业策划的活动快速提升关注度。充分利用明星的关注，能够让活动或事件获得新一轮的扩散。

热点

具有正能量的时事热点能够很好地塑造企业的正面形象。例如，“两会”、奥运、G20 等时事热点，近年来受到越来越多网民的关注，企业不妨多参与这类时事热点，在热点中借势，让企业的品牌和观点无处不在。在热点发生时，企业与新闻平台围绕相关话题深度合作，更能获得良好的传播效果。例如春运期间，与新闻媒体联合发起“返乡送爱心送机票”活动。企业在参与具有正能量的新闻热点后，能获得很好的公益品牌收获。阿里巴巴的“天天正能量”，倡导正能量价值观，在新闻中发掘普通百姓的人性光辉，给他们以一定金额的资助。这不仅能帮助和鼓励好人，也能吸引更多媒体和网友的关注。

有故事

“80 后”“90 后”都是感性消费者，是追求自我、冲动消费的典范。在他们看来，能不能被打动才是购买产品的决定因素，因此，故事成为不可或缺的因素。“逃离北上广”的故事、十几张机票获得者的故事，很长时间内都让网民念念不忘。

借势

借势可以帮助企业在传播上获得“四两拨千斤”的效果。热点本身就预示着事件的高知名度和曝光度，借势的企业自然也会在热点的传播中分得一杯羹。杜蕾斯在一些热点中的借势营销策划，就是很好的案例。企业的目标不在于借势营销要盖过热点的风头，只要利用足够吸引眼球的策划，在适合企业参与的热点中有所作为即可。例如，前文提到的曾经红遍全球的“冰桶挑战”，冰块制取和场地非常简便、灵活，只需“@3 位好友”就可以将其带入活动。低门槛的活动参与方式，在社会化媒体平台获得了海量转发和分享，直接起到了病毒式传播和扩张的作用。发起活动的人如果是顶级企业家或公众人物，媒体也会跟进报道。

☞ 不容忽视的细节

在策划引爆活动时，以下几个细节不容忽视。

一个好标题

在新媒体传播领域，没有好的标题是不行的，否则连被打开的机会都没有。某微信大号在发表一篇文章之前，有一个一百多人的实习生团队，把文章内容分发下去，让每个人取标题。除了主号，同一篇内容会用不同的标题分发到 100 个小号，然后统计文章的阅读量，由此筛选好标题在主号传播。没有好标题，事倍功半。

选择合适的推送时间

企业做推广宣传，也要符合目标用户在主推平台上的行为习惯。从活动推出到预热、引爆、爆发和维持，需要经历一定时间，因此，首发到引爆的时间节点一定要设置得当。如果首发时机不对，中间预热不足，引爆点提前或延后，会让活动效果大打折扣，即使临时补救，企业也需要投入更多资源。

善于找到文章的“槽点”

“槽点”即吐槽的关键点，指让用户兴奋、愿意点评和分享的关键点。槽点与爆点是紧密结合的。槽点更需要对用户情绪的把控，需要与用户接触、测试、再接触。预设多个槽点，如关于热点事件的，或关于用户故事的。对于特定人群，槽点有所不同。

营销渠道选择

对于一个营销案例来说，资源和渠道的互相引导非常重要，所选择的主要营销工具要和媒介本身的属性契合。例如，冰桶挑战选择了娱乐性和媒体性更强的微博。利用好自己手中的渠道，可以让活动在保鲜期迅速成长。

理性看待

爆款传播是可遇不可求的。市场上有非常多的企业，包括 4A 公司、媒体、自媒体等，但一年能产生几个爆款传播？企业在进行爆款传播时，要做好基本功，不断策划，不断尝试，不断突破，只有这样，在天时、地利、人和均具备的情况下，爆款传播才可以期待。内容主题一定要契合企业的品牌和产品基因。如“说走就走”的主题并不契合航班管家，因为航班管家与新世相的目标客群重合度并不高，这种不考虑旅行特征的营销策划，让活动“叫好不叫座”。好内容的爆款传播虽然有偶然性，但也有其必然因素，这需要企业不断地矫正和摸索。企业新媒体通过丰富爆款元素，经过一段时间的坚持和探索，就一定可以获得更佳的传播效果。

第四节　社交媒体上的内容营销

企业构建新媒体矩阵最根本的目的是通过内容营销，帮助企业提升销售业绩。内容营销旨在创造连接受众核心需求的内容。内容营销是以图片、文字、动画等介质传达企业或产品的相关内容来吸引用户关注，从而达到促进销售目的的营销方式。

在社交媒体风行的今天，企业的信息不再被企业本身所掌控，所有关于企业品牌和产品的信息、评论，都在社交媒体上毫无规则地诞生和传播，掌控企业品牌的是粉丝和网民。了解科技行业的人一定知道这样一个现象：涉及苹果公司的文章，其点击量比一般文章高一些。这是企业影响力的表现，也是企业产品潜在需求的具体呈现。

得益于新媒体技术和平台的发展，企业传播不再局限于传统媒体渠道。企业在社交媒体上进行内容营销，可获得比传统媒体广告更大的效果，还可以节省大量预算。企业需要从传统媒体投放策略，转向针对用户服务的新媒体传播。

内容营销可以促进用户行为的变化，最重要的是可以促进销售。企业在社交媒体上策划并执行内容营销，可以不断加深用户对企业及其产品的理解，感受产品的内涵，理解产品带给自己的价值。甚至由于对企业价值观的认同，用户会开启一种新的生活方式。当内容被不断强调，用户会产生强烈的品牌黏性，进而重复购买。

内容营销不同于产品广告，其主要目的是其培养网民认知，强化用户的消费习惯。通过不断强化用户的认知，引导用户对企业的认同，最终实现企业的销售目标和永续经营的愿景。当前，许多公司已经在内容营销中获利。

☞ 企业的自我认知困局

没有正确的认知，就没有成功的可能。

企业进行新媒体矩阵建设，是为了获得更好的传播渠道。而只有优质内容才可能在社交媒体上获得病毒式传播。对于快速成长甚至成熟期的企业来说，通过优质内容扩大影响，“俘获”更多消费者是内容营销的重点。

当下，用户开始通过社交媒体体现话语权。企业与其费尽心思靠广告吸引用户，不如以用户为桥梁，借势社交媒体，策划内容营销。

如今，企业新媒体呈现媒介化发展趋势，以内容为导向的企业新媒体账号越来越多。企业品牌也需要更具创新性、高效率的传播。例如，可口可乐公司策划的“私人昵称定制瓶”活动——引导用户在瓶子上刻上自己的名字和“高富帅”“白富美”等标签，在抓住用户新鲜、炫耀等心理的同时，通过用户积极分享，让活动本身和可口可乐这一品牌获得了很好的传播，赋予了可口可乐品牌年轻化和娱乐化的意义。

内容营销的关键是精准化。准确的策划，加上符合用户喜好特点的个性化内容，再结合社会化媒体平台的技巧性传播，就会深度影响消费者对品牌的认知度，从而将内容营销的传播效果发挥到极致。

☞ 占据粉丝心智

在社交媒体上的内容营销，最重要的是占据粉丝的心智。

碎片化信息时代，人脑捕捉及过滤信息的速度急速上升，纯文字信息逐渐被可视化内容所取代。图表、动画、表情、符号、视频等在内容营销中备受青睐。那么，企业应如何在微信、微博、视频和社交网站上布局内容营销呢？

微博的传播速度快、辐射范围广、信息点多；微信具有圈层化、深度、精准的特点。根据社交媒体平台的不同属性，打造风格差异的自媒体，可以将粉丝红利最大化。而做好内容是内容营销的关键。

企业在社交媒体上进行内容营销，首先，应策划更多能让用户一起参与的机会；其次，应认清目标，通过创意，来刺激用户分享，赋予其传播和自营销的能力；最后，抓住特定的传播窗口期，采取饱和攻击策略，抢占消费者的心智。

当粉丝对企业形成一定了解，就要不断抛出话题，给他们持续新鲜感。利用话题和粉丝“玩起来”，让懂得和了解这个话题的人，一起评论、一起参与、一起转发。例如，京东集团首席执行官刘强东和他的妻子“奶茶妹妹”，通过不断抛出话题，为公司省下了很多“刷流量”的资金。

进行内容营销，要赋予目标用户身份标签，让他们拥有社群归属感。用户在选择购买这个产品时，会带有情绪共鸣。内容不仅仅是转发、点赞，更是真正的参与和主动传播。

不同企业的目标用户不同，内容营销策略也有所区分：如果是一家食品类电商企业，可创建饮食主题的新媒体账号；如果是一家服饰电商企业，拥有一个服饰搭配主题的大V账号，在电商渠道上将非常有优势。

☞ 4步开展内容营销

企业通过社交媒体开展内容营销，可以基于策划，在某个社交媒体平台建立账号并持续输出内容，也可以基于企业大V，建立全新的企业新媒体账号。

企业在开展内容营销之初，可以用鱼骨分析法倒推潜在用户。用户在解决日常问题时，一般性的解决方式可能是上网搜索或求助朋友。对用户行为进行预估，对其所在的平台作判断，可以帮助企业对其进行有效“拦截”。

面对不同的粉丝量级，企业需要进行不同主题的内容营销。在企业的发起阶段，需要满足核心人群的核心需求，进行单点突破；在企业的初创阶段，要针对这些核心人群的其他关联需求，进行一定程度的扩散；当企业发展到一定阶段，可能会进入瓶颈期，这时需要针对更加细分的核心用户，分析每类核心用户的不同需求，展开更广泛的营销。

步骤一，明确定位

洞察市场会帮助企业在开始策划内容营销和社交媒体方案时更好地找准定位。这个定位将直接影响企业的品牌战略和营销策略。

明确企业的用户是谁，在哪里。内容营销是以内容为载体进行用户拦截和接触的手段，是为了吸引潜在用户关注企业品牌和产品。有了社交媒体，企业营销有了更大的发挥空间，但这并不代表企业可以忘记营销的基本原则。企业一定要搞清楚自身进行的内容策划和营销能够给用户提供怎样的价值。

如果企业在自媒体或社交平台中随意创建内容，将很难吸引用户，也不可能与粉丝产生共鸣。世界上没有完全相同的两个企业，即使在非常细分的领域，彼此间的特性也大不相同。

企业在社交媒体上的内容营销是为了解决用户选择的问题，也就是用户为什么选择你提供的产品，而不是别人。无论是建立更好的了解，还是博得用户的好感，都是为了让用户在做选择时将砝码投向你这一端。

当企业在社交平台建立属于自己的新媒体账号时，需要把握品牌的核心价值定位。企业产品的生产和研发过程最好也要有完善的用户参与机制，为社会化传播奠定基础。

步骤二，理解社交媒体平台，注重用户体验

企业在社交媒体上做营销，必须先了解各社交媒体用户的情况。在产出内容之前，需要在众多平台中找到适合企业所在细分领域的平台。

不同平台具有不同的特性和玩法：微博的内容更加开放，较为适合病毒式传播；微信朋友圈和公众号的粉丝圈层化更为清晰，传播相对封闭，用户呈现垂直化分布。

每个平台都是独一无二的。企业的内容策划和爆款传播需要适应平台上的用户。要了解这些用户的喜怒哀乐，了解这些用户的痛点，了解什么样的标题和内容策略才能获得用户的共鸣。这些都会因为平台的不同而有所不同。

不要仅仅将社交媒体当作广告和软文的投放平台，社交媒体不仅仅是传统媒体的替代物。营销渠道的多元化，是当前新媒体的现实，企业需要真正理解社交媒体的价值。

在新媒体时代，体验为王，一定要注重用户体验。针对不同平台用户倾向进行策划，就是为了提升用户体验。在社交媒体上，每一次内容策划和爆款传播都需要尊重用户，这也是企业对自身生存发展权利的尊重。

步骤三，好内容

好内容永远是成功的关键。曾经有知名微信公众号在分享成功经验时说，他们把 90% 的资源和精力用在了内容策划上，剩下的 10% 才是推广等工作。好内容在传播中的重要性远远超过其他事项。正如新媒体传播与产品营销的关系一样，即便成功打造了爆款传播，但若没有好的产品，这样的传播也是失败的。

一般来说，大多数粉丝是先对内容感兴趣，然后才对提供内容的人和平台感兴趣。因此，企业应先专注于生产吸引粉丝关注的内容，并逐渐沉淀粉丝。当粉丝从内容认知转向平台认知时，企业在新媒体领域的内容营销和传播就进入了红利收获期。

企业可适当借鉴优秀企业新媒体平台的内容，整合不同平台、不同用户群体、不同地域、不同时间的内容，在企业的各个新媒体账号中进行差异化传播，逐步打造属于自己的用户群体。

同时，不要认为只要有好的内容，病毒式传播就必然会发生。企业需要不断将具有病毒传播潜质的内容在多个社交平台中进行分享，并投入推广资源，推动引爆的发生，并持续加热，这样才能快速形成爆款传播。

内容营销的最佳策略是讲故事。品牌故事是“讲”出来的。以品牌为核心，通过对品牌的故事化讲述和传播，会增加品牌的说服力和亲和力。

好内容是增加用户黏性、提高平台活跃度、吸引广告主的法宝。创造自己的内容并加以分享，最终一定能通过内容变现。

步骤四，流量变现

完成内容策划后，接下来最重要的工作就是推广。企业要不断扩大传播渠道，如微博、微信、直播、搜索、百科、问答等。另外，如果企业希望获得最佳的传播效果，在推广时，就不应局限于社交媒体平台。

然后，就是将流量变现。如果爆款传播没能获得企业希望获得的效益，那么只能说明策划出了问题。叫好不叫座的策划可以有，但不要太多。内容策划只有更加聚焦，才可能具备流量变现的可能性。

内容营销在社交平台上产生效果，最怕的是按照既定套路“自嗨”。企业推出的社会化话题，最好能引发各大企业的联动。借势话题热点，是快速放大热点、聚集粉丝的关键。

没有“万金油”的内容，也没有“万金油”的内容营销。兼顾不同平台用户喜好的内容通常不是好内容，在资源有限的情况下，企业不如专注于一个合适的平台，把内容精雕细琢，以其独特性戳中受众最核心的需求。应先在一个平台建立口碑和知名度，再逐渐辐射和延伸到更多的新媒体平台。

第五节　借势营销的借与不借

在企业新媒体建设中，自创热点和借势营销是企业品牌传播的两大重点策略。自创热点需要投入非常多的策划与推广资源。而借势营销成本较低，每一次小小的发挥，都会让企业收获更多。微博、微信朋友圈的大部分借势营销，主要采用一条文案搭配一张海报的形式。

借势营销是将产品推广融入一个消费者喜闻乐见的环境里，使消费者在这个环境中了解产品并接受产品的一种营销手段。具体表现为通过媒体吸引消费者眼球，借助消费者自身的传播力，依靠轻松娱乐的方式潜移默化地引导市场消费。换言之，是通过顺势、造势、借势等方式，以求提高企业或产品的知名度、美誉度，树立良好的品牌形象，最终促成产品或服务销售。

☞　借势的基本原则

借势营销本质上利用了人类的一个心理：每个人都不想脱离群体，都想知道其他人在关心什么，简单来说就是好奇心。而借势营销中所借助的热点事件，十分考验策划人员的选题策划能力。借势不及时，只能徒劳无功；创意不给力，效果也会不尽如人意。不是所有的事件都能拿来借，也不是所有的商家都能借。在借势营销中，绝大多数企业往往是在“自嗨”，而忘了回归营销功能——将产品卖出去。

借势营销应当遵循如下基本规则。

体现企业价值观

借势的热点应是正面的、正向的，可以俏皮、可以幽默，但不能涉足负面热点。负面热点无论如何处理，都可能引起网民和粉丝的反感。

热点与企业的品牌、产品进行融合

不能促进产品销售的营销都是“耍流氓”。在社交媒体的运营中，企业往往会陷入投入很多，收益却一般的“自嗨式”营销陷阱。将热点和产品完美结合的商业案例当数卫龙辣条。通过热点营销，卫龙成功将从五角钱的小食品转型为主流人群的消费零食。现在，网友偶尔吃个辣条还要发个朋友圈秀一下自己的“土豪”身份。这不得不说是企业最大的成功。

借势的热点要满足可讨论性的属性，留下槽点和包袱

要让网友能够顺利地把话题传递出去，参与到借势营销的主题之中。内容要有趣、好玩、有槽点，否则网友不会专门为了一个干巴巴的图片，兴高采烈地去传播和扩散。一个网民普遍关注的事件，往往能够引起众人共鸣。当企业把品牌和热点事件结合在一起时，会获得非常好的营销效果。

☞ 不同事件如何借

在借势营销这件事情上，企业非常需要一颗平常心。一次两次的借势营销，哪怕覆盖全网，对企业的帮助也有限。借势营销贵在点滴积累，及时发掘适合热点，将传播价值最大化，不断累积下去，才能有所收获。

重大科学发现、社会热点、节日、热映电影、奥运会等，只要引起网友广泛关注的，都可以成为借势营销的由头。

时政社会热点

企业与时政热点的结合一定要谨慎。如果企业已经有海外战略布局，更需要对时政热点谨慎处理。如韩国乐天集团对萨德事件的处理就导致了各方的反弹。企业在新媒体账号上的借势营销，总会有自己的观点，有观点也就是“站队”。因此，在时政热点的选择上，国际化企业的新媒体账号一定要谨慎处理。对于祖国统一、领土不可分割等，企业要坚定地表明立场。

重大节日

从中国传统节日到二十四节气，再到西方的情人节、母亲节、父亲节、感恩节、万圣节、圣诞节等，在节日里做借势营销最为常规，传播效果也较好。这项工作也是企业新媒体运营的基础。电商企业必须做节日促销。换季之时，也是企业电商平台开展营销推广之时。不同行业，随着季节的变化，有淡、旺季之分。企业应根据自身产品特性及需求做好营销，比如，季节新上市服装的宣传及定价，季末的促销甩卖等。

基于节日的借势营销，一定不可缺位。最简单的办法是提前准备一张年度重大节日和纪念日的时间表。提前选择与企业品牌和产品特性相关的节日，进行前置策划，并择机推出。节日借势要找准品牌定位，契合节日主题，准确出击。

体育赛事

提到体育，首先想到的自然是四年一度的奥运会。如果企业不是官方合作伙伴，借势当下最火的体育明星、奥运热点话题也是不错的选择。其他知名度比较高的赛事包括亚运会、欧洲杯、亚洲杯、世界杯等。赛事不同，关注的热度也不一样。例如，奥运会是全民热点，且持续时间较长；注意力容易分散，但会出现不同的子热点。

体育赛事的借势营销要规避版权风险，没有赞助赛事的企业，在借势营销中要注意方案中涉及的文字、图片、视频是否越界。

娱乐热点

娱乐八卦是网民非常关注的热点。适宜在新媒体借势营销的话题，一般都是正面类型，比如刘诗诗和吴奇隆婚礼、汪峰上头条、刘烨抢沙发等。对于这些话题，企业可以结合品牌与明星的关联进行策划。

在电影档期，企业也可以有所作为。例如杜蕾斯为《爱丽丝梦游仙境2》做的借势营销，红皇后和白皇后的人物形象搭配杜蕾斯产品，与话题非常契合。

娱乐圈的“水”很深，明星的形象可能在一夜之间发生反转。企业参与品牌的借势营销和广告投放应慎之又慎。避免投入很多精力与资源，反而引得网友不满。

同行业热点

行业热点适合同业者参与。如“双11”“6・18”都算是电商行业热点，各大电商都在参与。只有形成了“势”才会有“市”。关注竞争对手的营销传播计划，在对方的主打时段推出防守型策略。这样一方面可稀释用户对竞争对手的关注；另一方面让企业在行业热点中也不缺位，在整体把人气炒高的前提下，企业也可以分得一杯羹。

切忌无底线地攻击对手。每年“双11”期间，电商行业常见类似情况。隔空调侃尚可，造谣或者恶意攻击，则完全不是借势的范畴。

灾难事件中的公益

灾难事件重在表态与行动，去掉自己品牌LOGO的产品促销，更能赢得用户。尽量在突发灾难中体现企业社会责任，发起呼吁和行动。如果企业本身资源较小，则尽量避免过度营销。人们最不愿意看到的就是灾难类的热点，在天灾人祸中还要借势营销的企业不免受到用户的谴责。这是良心与底线，也充分体现了企业价值观。

重大科学发现

这类话题包括NASA的卫星路过冥王星、中国空间站的最新进展、诺贝尔奖等重大科学奖项和人物的发布等，适合于科技创新型企业。如果能够在诺贝尔奖颁奖之前，找到可能获奖人选的寄语，将是一个非常好的传播。

负面热点

负面热点事件很多，企业应禁止参与任何形式的营销，并与涉及的负面主角保持距离。

随着新媒体和技术的发展，借势营销不再局限于对各种热点的搭车，一些新的载体平台也将成为企业借势营销的舞台。新闻客户端、视频、短视频、直播、贴吧，企业可以在很多平台上进行借势营销。

在没有新的玩法被发现前，探索是企业开展新媒体战略的必选项。例如，企业可以在表情包里植入广告进行借势营销，也是新型的营销推广模式。随着新媒体营销手段的不断更新，周边表情包成本低、传播快、受众广、传播效应显著。以“表情包”为表征的读图时代已经到来，表情包背后的商业潜力巨大。

直播行业的强势发展推动着视频新媒体迈入爆发阶段。企业的借势营销无疑会在直播领域获得更多发挥。把热点、企业品牌和产品与直播平台无缝融合，也会获得非常好的传播效果。也许每逢热点，网民就会来看看企业怎么说。

在新媒体领域，还有更多借势营销的新舞台，等着企业去发掘和自由发挥。

第六节　好内容是门槛

企业不仅要在“两微一端”上布局落子、步步为营，也要在直播、短视频、虚拟现实（VR）、增强现实（AR）上进行尝试和突破。然而，达成这一切的基础是先有好的内容。

互联网时代，“内容为王”已经成为公识，在移动互联网时代仍然如此。企业在探索新媒体的过程中，非常重要的一项工作就是内容建设。有了好的内容，才能有好的传播，有了好的传播，才能达成企业的商业目的。

好内容是一个不得不突破的门槛。只有突破这个门槛，企业的新媒体建设、营销传播策略、活动推广计划、产品销售等目标，才可能成为现实。如果内容做得不好，企业在传播上的投入将事倍功半，甚至白白浪费。

如今的网民已经变得非常老练和成熟。曾经的好策划，可能已经难以打动用户。好内容很稀缺，而且越来越难以获得。

☞ 打造好内容

内容是营销的核心。每一个标题、每一张图片、每一段文字都要有明确的作用，都要做到能够吸引粉丝的注意力。

从用户出发

在开始之前，企业要想清楚文章是写给谁看的，这个群体是否关心该话题。

每个人的需求不同，想要写出用户真正关心的内容，不是通过简单的信息整合就可以的。不仅要写用户最关心的内容，而且要写他们最需要的内容。

比用户先行一步。在用户还不知道自己想要什么的时候，找到它，并呈现出来。这样的要求实现起来很难，但非常有效。

企业无法获得所有用户喜爱，同样也无法迎合所有用户。企业的内容策划只需关注属于企业的那部分用户。可口可乐公司一直倡导年轻态，但这并不影响中年人、老年人消费可口可乐。

有用

看看企业呈现的内容是否能够满足用户的需求，是否能够解决用户的问题，是否能够满足用户的探索欲、新鲜感和娱乐需求。

如果文章的出发点是“有用”，那么在制作每一篇内容时，都会考虑是否能真正帮助和支持用户。避免传播一篇深刻但晦涩难懂的文章，这在当下的社交媒体环境中毫无意义，对企业也难以体现价值。

结合热点进行话题组织。热点可以带动非常多的点击和关注，体现在微信公众号上则是“10 万 +”文章。在王宝强和马蓉事件中，在热度最高的几天，微信公众号点击排行榜的前 50 条内容，至少 1/6 是相关话题。蹭热点，言之有物，也是做好内容的有效方法。

有趣

所有的内容、图片、动画、视频，都能传递给用户有趣的信息。这种信息，不仅用户喜闻乐见，更会扩散传播到更广的范围。

好的故事

讲什么故事不重要，重要的是粉丝通过故事如何看待企业。最好的故事应该是站在用户视角阐述他们的价值观和生活理念，进而产生共鸣，而持续的共鸣可以累积起强认同感。例如，邀请媒体采访创始人的传奇故事，策划一个“真实”的故事或温情案例。

设定故事梗概，确定关键词，描述故事，兼具冲击力、有趣与品牌关联度。例如，京东创始人刘强东的一天快递员、顺风总裁王伟力挺挨打快递员等。这些热点，既是企业家的个人行为，也是具有传播力的故事，还能为企业加分增色。

“说人话”

“说人话”是最简单的一个技巧，其本质是换位思考。普通用户是否能读懂？埋的“包袱”是否太晦涩？内容是否与用户有关联？如果答案是否定的，就需要调整了。

让内容有辨识度

文如其人，不同自媒体账号体现的文字感觉是不同的。企业新媒体账号的内容，尤其是发布在公众号上的内容，要有清晰的辨识度，这样才能有更好的传播。辨识度就是文风，也是对一件事情如何描述的策略。是严谨、诙谐，还是一本正经地讲一个段子，很多优秀的自媒体账号已经给出了答案。

有个性的人容易被记住，有个性的文字同样不容易被忘记。企业媒体账号想建立内容辨识度，就需要策划一个和企业和品牌特性关联的角色，并一以贯之。这里要注意一个问题：在运营时，一定要采取团队作战，避免个体因离职等原因，造成企业新媒体账号的话风大变。

媒体的个性即价值观。在价值观框架下的所有发挥，都是具有明确个性的，企业新媒体账号也如此。

有的公众号推出的内容非常感性，例如十点读书；有的自媒体呈现的内容比较情绪化，很有感染力，例如Papi酱；另一些自媒体相对理性，但不乏有趣，例如果壳网。

共鸣

直接讲述用户能够理解且容易产生共鸣的内容。有真情实感，是用心在写，也是在打动用户的内心。人心是相通的。没有沟通，就没有共鸣。

注重形式

内容呈现的方式，文章的长短、排版、结构，对于用户的体验有很大影响，这与辨识度也有一定关联。每一次打开的页面，看到的海报，都能让用户感觉熟悉，甚至立刻想到这是某企业或品牌的推广，这样才算真的成功。

企业新媒体内容有视觉辨识度，通过精心设计的行间距、段间距、字体颜色、页边距，让视觉辨识度变得非常高。在图片的处理上，尽量把图表和图片结合企业新媒体定位的特点重新加工。需要注意的是，在图片等产品的商业使用上，要注意版权问题。

精简

文章和图片的总阅读时间不要太长。对手机阅读来说，除了网民喜闻乐见的玄幻小说可以获得较长时间关注，日常在微信公众号、头条号、一点号、企鹅号等平台发布的内容，应尽量精简。

碎片化的阅读时间最可能被打断。如果内容引导用户情绪的周期太长时，容易被各种事件打断，再重新建立会很难。

精简和内容多样性要平衡，要考虑是通过漫画、短视频、语音、图片、文字多角度呈现，还是只有寥寥几字。化繁为简，才是王道。

☞ 好标题等于成功一半

没有吸引人的标题，很难实现爆款传播。而没有广泛的阅读和转发，影响力就无从谈起。企业在新媒体运营的过程中，能不能有一个好标题至关重要。

通常情况下，标题策略在某个平台是有共性的。平台不同，用户喜好有明显差别。微博、微信有很大不同，今日头条和网易的用户也有明显不同。

可以多关注一些各网站和平台的排行榜。在做微信传播时，要分析主流公众号和同行公众号的“10 万 +”文章，从中可以发现一些共性。另外，基于自身运营数据的发掘更为重要。通过分析企业新媒体账号的指标数据，感知当前状态下粉丝的痛点。

以下罗列一些常用的标题技巧，仅供参考。

热点

关键词：所有热榜上的人和事件。

追踪热点内容容易得到比平时更高的传播。只要跟上热点，微博的文章阅读数会高很多，很大概率会得到转发，甚至是媒体的报道。微博追热点要参与热点话题，也要有基于热点的原创。公众号追热点，需要快速原创，进行推送和扩散。新闻客户端上追热点，标题要体现热点的元素，内容也要有话题性。

提问

关键词：为什么、如何、怎么做……

提出一个与用户有关联、有用的问题，然后文章内容来解决疑惑。精心策划的疑问如果勾起了用户的痛点，打开的概率就会提高。例如《刘强东：京东如何用“4 张表”管理 7.5 万人》《今年还剩 30 多天，这些大事值得关注》《原来如此：25 个你不知道的真相》。

变化

关乎用户切身利益的变化，往往能引起大范围的关注和讨论。例如《个税要改革了，这对公众意味着什么?》

情绪唤醒

通过内容欢迎用户的某些想法和情绪。

例如《我买好了30张机票在机场等你，4小时后逃离北上广》。据了解，此文章发出3小时后，阅读量超过百万，并带来了10万粉丝增长。

再例如《世界那么大，我想去看看》。2015年4月14日早晨，一封辞职信引发热评，辞职的理由仅有10个字："世界那么大，我想去看看"。网友评这是"史上最具情怀的辞职信，没有之一"。据媒体报道，作为2004年7月入职河南省实验中学的一名女心理教师，已经任职11年之久。如此任性的辞职信，领导最后竟真的批准了。2016年5月31日，教育部、国家语委发布《中国语言生活状况报告（2016）》，"世界那么大，我想去看看"入选2015年度十大网络用语。这种情绪唤醒的内容和事件，对用户的吸引力非常大。

名人

每个人都或多或少都有膜拜权威的心理，"抱大腿"式标题可以显著提升关注度。借助大众所知、热点、辨识度较高的名人彰显内容的价值，以吸引粉丝的注意。例如《马云谈未来5年互联网趋势》、《王思聪弄丢的黑卡，到底有多牛?》。

知名企业

涉及知名企业的报道，也会让用户感兴趣。通常，涉及苹果公司的文章，在一样的位置，哪怕是一般性报道的点击量都会高一些。企业的新媒体账号也不妨多关注知名企业的动向，挖掘具有传播力的内容。

"污"是一种亚文化

"污"在网络上已经慢慢形成了一种亚文化，让企业发挥的地方也越来越多。杜蕾斯官方微博就是把"好污"玩到极致的账号之一。不过，不是所有企业都能玩转"污"，也不是所有企业都能玩"污"。

揭秘爆料

在标题上冠以揭秘、内部邮件、独家爆料等词汇，利用读者的猎奇心理获取点击量。虽然，如今内部邮件的策略已经被玩得有点“烂”，但真正有分量企业的有意识爆料，仍会引起广泛关注。

警告提醒

与用户切身利益有关联，有严重警示和提醒的意思，确认能够帮助用户规避风险的内容，对用户有价值，传播当然没问题。例如《警惕！收到这样的短信千万不要点！很多人都被骗……》。

共鸣

让用户感同身受。“对！就是这个意思”，说出用户心里有，但没有表达出来的想法和概念。例如《今天你对我爱答不理，明天我让你高攀不起!》。这句由马云在阿里巴巴 IPO 时说的话，引起用户的共鸣。文章用同样的文字，也能刺激用户曾经遭遇挫折后的无言心理。

干货

对于某一行业、某一职业、某个群体有价值的内容，通常是聚合多个信源的整合，用数量和深度来取胜。例如《20 张图让你看懂互联网金融》。

恶搞

一个吸引人的标题，正文一张图片，寥寥几字，仿佛冷笑话一样的恶搞，偶尔也会让网友参与进来，并乐此不疲地传播。

例如:《为什么我不买别墅?》的正文只有两个字“没钱”；文章《全国各大学校花联系方式汇总》放了条横眉立目的黑背狼狗的头像，并写明“没想到你是这样的人”。这类文章的正文往往只有几个字，但有趣好玩，中招的人往往会积极地传播和扩散。

盘点

各种盘点，从有趣到有用，都可能引起用户的关注。例如《爬树也是课？盘点各大高校的奇葩课程!》《“五险一金”新规盘点，这些都跟你的钱包有关!》。

系统地梳理垂直领域的知识、看点，方便用户集中看到所有想看的内容。这种应用场景还有很多，标题体现的共性技巧，是为了满足大家心理、人性的需要。例如《白领必备的 PPT 的使用技巧和模板》。

攻略

帮助用户实际解决问题的攻略，才是好攻略。例如：《春游最佳攻略！成都最美的春色都藏在这里……》《最强遮瑕攻略：完美底妆的关键，不是粉底液是遮瑕啊！》。

震惊

引起目标用户强烈的情感反应。让用户感觉到震惊的事情，往往是新鲜，没见过的。“当时我就震惊了”的感觉，这是一种很好的“社交货币”，也能成为茶余饭后很好的谈资。例如《震惊！一套北京二环内学区房在国外能买到什么?》《震惊！比 UC 还 UC，美国“脸红标题党”你为何如此之污?》《震惊！大妈胃里长香菇，只因烧菜前少做……》。

数字

数字能简洁、明了地传递信息。用数字凸显新闻的看点及价值能更直接地抓取用户的眼球，使用户迫切地想知道数字背后的点。做标题要善于挖掘新闻内容的数字或创造等价的数字信息来表现。例如《无数女人支持，但他公司市值在半天内蒸发了 300 亿》，其实说的是蔡文胜的创业历史。

福利奖品

天下熙熙，皆为利来；天下攘攘，皆为利往。明确有奖品、有福利的内容，也有很强的优势。例如，分众专享公众号上的主题，会被很多感兴趣的粉丝转发，该账号聚集了几十万日常关注的粉丝。

悬念悬疑

抛出包袱，留有悬念，勾起人们的好奇心，调动用户探求真相的好奇心。例如《中国式破产，未来五年这几类人要注意》《破产两次，坐过牢，他 48 岁重新创业，靠卖几块钱方便面做出 190 亿身家!》

反常识

在标题中制造与用户认知的冲突，用事件的反常态、反常识、矛盾形成强烈的对比。这样的标题会吸引用户一探究竟。例如：《60 天 0 成本 10 万粉丝背后的秘密》《公司一年内“被倒闭”6 次，“被收购”5 次，马云竟然又给他 10 个亿》。

随着用户环境的变化，能够吸引用户的标题也会发生一些改变。在策划标题时，重要的是抓住粉丝的喜好。

好标题是绞尽脑汁想出来的，也是群体智慧碰撞得到的。如果对几个标题无法割舍，经过企业新媒体小号发布测试获得的数据可以作为最终的参考依据。

☞ 持续产出好内容

无论是企业新媒体的策划、运营人员，还是传统媒体的编辑、记者，往往会遭遇“内容荒”，即在某一段时间内容枯竭。企业新媒体账号如果遇到文案思路的枯竭期，会对粉丝和用户产生影响，内容质量下滑会导致粉丝减少。

企业在构建新媒体矩阵后，优质内容的持续、稳定输出尤为重要。在移动互联网时代，要经常让用户看到新鲜的内容，而不是在一次爆发后就结束了。

在媒体平台，保证品质的方法是通过选题会定选题、采写、编辑排版等环节，每期出产的稿件根据选题的重要程度和文章质量等情况，进行妥当的安排。

是否持续生产优质内容是企业新媒体建设的重要的因素。内容的持续输出，可以借鉴媒体的做法：建立新媒体团队，或者建立 PGC 社群帮助输出。

企业新媒体如果希望持续产出好内容，可尝试以下几种方法。

做用户想要的内容，并扩大影响

研究用户的需求，对他们的需求进行精细分层，并提供不同的服务。

建立社群

企业可建立核心用户社群，或发起企业内部的专家顾问社群和外部专家社群，这些社群可以帮助企业提供好的策划，甚至直接提供优质原创文章。

专家级别的顾问体系

企业新媒体建设一定要包含专业顾问这一群体，让很多专业问题得到反馈和纠正。遇到热点，可获得专家点评，通过简单整理，就可以结集初稿。

高质量的内容需要规划

年度的运营目标，可分阶段的计划。结合可预知的热点和节假日，很多策划是可以预先规划的。结合热点和临时性重大活动进行策划和执行，一般能够达成企业最初设定的目标。

在企业内外寻找内容的创造者

打造一个优秀的企业新媒体账号，不能仅靠一人之力。

好内容需抓大放小

企业在更新一般性内容时，因为时间和人手等原因，可以简化地处理。但动用较多资源进行有目标的推广时，策划环节就要赋予内容爆款元素，使其具备病毒式传播的基因。

每篇文章有明确的目标

一篇文章不可能打动所有用户，发布每一篇文章，进行每一次爆款传播策划时，都要有非常明确的目标。有的文章是写给老用户看的，有的文章是为了拉新，有的文章是单纯的通知。目的不同，内容策划的过程和结果也有所不同。

企业突破了内容的门槛，就是突破了营销和传播的门槛。内容是基础，没有好内容，一切都是徒劳。

第六章

拥抱新变局

○企业家网红时代

○直播来袭

○视频、短视频、音频

○布局海外新媒体

○VR 与 AR

○内容创业的窗口

○首席内容官

○万物皆媒

第一节　企业家网红时代

谈到电商的时候，你首先会想到谁？马云。谈到阿里巴巴的时候，你首先会想到谁？还是马云。

没错！很多时候，用户第一个想到的往往不是产品，而是企业家。企业家与企业密切关联。企业家成为网红，已经成为一种不可阻挡的社会趋势。

美国前任总统奥巴马及现任总统特朗普，都是社交媒体界的宠儿。总统选举的胜利，从某种意义上说也是社交媒体的胜利。推特、脸书等社交平台日渐成为美国政要、企业家、明星树立形象的重要阵地。

社交媒体时代，国内越来越多的企业家也走到前台。马云、任正非、贾跃亭、刘强东、周鸿祎、雷军、王健林、潘石屹、王石、俞敏洪……这些堪称“企业家网红”的名单越来越长。很多企业已经意识到企业家的影响力和品牌对企业有着无可替代的促进作用。

在 2016 年的很长一段时间里，微信朋友圈被华为创始人任正非刷屏。任正非在食堂排队吃饭、在上海虹桥机场排队等出租车……多年来一直非常低调的任正非，忽然间成为一位网红。不久之后的 2016 年 12 月 22 日，宗庆后乘高铁出行也在社交媒体中被意外刷屏。

未来，公司和产品媒体化，企业家网红化成为不可阻挡的趋势。企业要学会利用企业家网红增强企业新媒体的媒介属性。

☞ 每位企业家都应该成为网红

目前，苹果、小米、联想、阿里、褚橙、腾讯、京东、万达等企业的负责人，都从幕后走到了台前，通过微博、微信、直播、唱吧等各种平台，培养了大批粉丝，成为名副其实的“企业家网红”。

通用电气（GE）董事长兼CEO杰克·韦尔奇认为，CEO并不是靠坐在办公室或会议室里做出艰难决策而实现业绩增长的，如果你的团队不理解你为何做出这些决策，你的决策再有前瞻性、再有效也毫无意义。他的建议是，想完成伟大的事业的CEO，从一开始就要让公司上下知道你想做什么。

企业家当网红不仅是当下社会的趋势，也是企业急需。在如今的经济发展趋势下，大型企业需要创新，提高活力，亟须改变在消费者心中的传统形象，中小企业则面临的客户少、引流贵、融资困难等问题。将企业家打造为具有鲜明创新特征的网红，带给企业的价值不言而喻。

如果王石、董明珠不是网红，没有如此多网友和媒体的关注，当企业面对“野蛮人”的时候，可能会放弃抵抗。网红的力量只有在真正使用时，才会被企业所深刻感受。唯有具备强互联网基因的企业家网红，才有可能引领企业在新商业环境下的转型和升级。

企业家成为网红，显然不仅仅是因为他们拥有的巨额财富和在各自领域取得的成就，更大程度上是因为他们有着强烈的表达欲望，以及由此而展现出的独特个性。在品牌传播人格化的互联网时代，企业家网红战略就是让企业家主动站出来为自己的企业代言，为自己的产品推广，为自己的企业公关。

☞ 企业家成为网红的优势

自古以来，得民心者得天下。而在互联网时代，得网民者得天下。

在消费升级时代，低端产品已经不能满足人们需求，要想赢得消费者和用户的选择，最好的办法是企业家本身拥有足够大的影响力和足够多的粉丝。

企业家成为网红，让用户拥有了与企业家平等交流的机会。通过这种交流，无论是单点传播还是围观，都会让更多用户成为粉丝。海量的粉丝不仅节省了企业的传播和营销费用，更能转换为消费企业产品的用户。试想，一个拥有百万粉丝的企业家网红，他的一言一行，通过社会化媒体的转发和病毒式传播，将获得何等的关注。而同样一场营销活动，将耗费多少人力、物力和广告费用！

企业家成为网红后有如下优势。

征服员工

对一家企业来说，最先需要征服的不是客户，而是自己的员工，能做到这一点的企业已经成功了一半。如果企业员工对企业没有认同感和归属感，对自己的产品没有好评，这样的企业会有什么前途？

CEO 强大的个人品牌可以留住人才和激发员工潜能，这对企业大有裨益。

对于“80 后”“90 后”员工来说，他们需要在工作中释放自己、实现自我，在这一点上，相信社交媒体的老板会更有领导力。企业家成为网红后，员工会觉得自己和领导更接近，代沟减少，企业家不再高高在上。

年过 60 的王健林在万达集团的年会上一展歌喉，不仅征服了员工，也征服了无数网友。规模企业的员工人数庞大，企业董事长、CEO 往往难以和员工实现良好沟通。CEO 富有亲和力的表现，将大大拉近与员工的距离，增加内心好感。特别对情绪驱动工作效率的年轻群体而言，效果更为显著。

帮助企业更好地引爆流行

知名企业家褚时健推出的“褚橙”，在几乎没有做任何广告推广的情况下，产品一经推出立即销售一空。打造企业家网红，就是要使企业家成为社交网络中的引爆点。在企业家的价值观受到海量粉丝和媒体关注时，就能掌握企业营销和传播的主动权。

董明珠为手机代言，为格力省下了数以亿元计的代言费。用户默默地陪“国民老公”王思聪刷了一年微博，而他也悄悄地赚了几亿元。

从营销的角度来说，企业家成为网红也属于全网营销的一个环节。企业家制造话题、塑造自身影响力的过程，也是一个吸引粉丝，获得粉丝忠诚度的过程。粉丝的忠诚度越高，企业的营销宣传活动就越好做。案例是最好的内容。案例做好了，传播就是自然而然的事情。

占据竞争优势地位

苹果的乔布斯，通过社交网络直播一个产品发布会，就能使其销售额和股价暴涨。拥有知名企业家的企业和没有知名企业家的企业，在发展中面临问题和挑战时的应对难度是不一样的。尤其是在新媒体时代，更是有显著区别。

一家企业拥有企业家网红，可以大大提升企业在行业中的竞争地位，创造更多的发展机遇。如一家互联网公司的创始人是知名关键意见领袖，那么其获得用户和资本关注的机会将大大增加。

当下，我们所处的是一个你不说话，那么你的反对者就会说更多的时代。企业家一旦放弃成为企业的代言人和窗口，往往会为此支付更多成本，付出更大的代价。不做网红的企业家，几乎等于放弃企业发展的主动权，或者说是让位于竞争对手。

社交网络的破坏力越来越强，企业家网红则可以在关键时刻成为企业的“保护伞”。例如，企业在遭遇负面危机时，往往需要强力媒体和相关人士“站台”，发表观点以扭转企业的形象。如果企业家本身具有较好的社会形象和较强影响力，企业面临负面危机时，就能够很好地通过自身影响力解决问题。

提升企业产品的利润空间

用户因为青睐企业家的价值观和理念，而愿意支付一定数量的溢价。苹果公司的“果粉”在每次购买时都愿意承担更高的价格。粉丝喜欢你这个人，因而去购买你的产品，他对价格就不会那么敏感，且会有一些情感附加值在里面，这无形中提升了利润空间。

更好地连接企业、用户和投资人

企业家网红可以更好地连接企业、用户和投资机构等多方，并很好地协调其中的关系。曾经被业内称为 PPT 公司的乐视，其创始人贾跃亭就具有这样的吸引力。网红企业家的个性化展示、人格化互动、强烈的存在感，让粉丝能更好地包容企业家和企业本身。

在大数据时代，数以百万计的粉丝可以成就巨大的商业价值。

董明珠就是一个行业大佬级的网红。格力手机发布会，她亲力亲为。董明珠式的开机画面，曾迅速占领各大媒体的头条，起到了意想不到的营销效果。

在前景不明朗的状况下，企业家间的投资更多的是投给企业掌舵者本身。一个拥有良好公众形象的企业家网红，在寻求各方支持上更具优势。

☞ 企业家网红指南

企业家成为网红各有妙招。有的是段子手，有的会说相声，有的敢“放大炮”、有的敢说真话。从某个角度上说，没有高调站台的企业家，企业就没有一流的高度。只有一流的企业家，才能引领一流的企业。所有粉丝和用户都会用这个标准来判断企业及其产品。

如何打造一个合格的企业家网红呢?

具备企业家精神

企业家最核心的精神是具备创新、冒险、诚信的品质和创造未来的能力。特斯拉 CEO 埃隆·马斯克（Elon Musk）就是一个企业家网红代表。

埃隆·马斯克 1971 年 6 月 28 日出生于南非，18 岁时移民加拿大。他是贝宝（PayPal）、美国太空探索技术公司（SpaceX）、特斯拉及 SolarCity 这 4 家公司的 CEO，同时也是一位慈善家。他还兼任 SpaceX 的首席技术官及特斯拉的产品设计师。由于在科技领域的突破性进展和令人眼花缭乱的成就，让美国乃至中国的粉丝深深地喜爱上了这个现实版的“钢铁侠”。一个具有感召力、有故事的企业家，在精心包装和适度的传播下，会很顺利把网友转变成粉丝和用户。

产品至上

没有扎实的产品做支撑的企业家网红，只能是网红，而不能叫企业家。能够赢得粉丝和用户尊重的，最终还是产品。谷歌创始人埃里克·施密特曾说：“今天是产品第一的时代，产品甚至比掌控信息、垄断渠道和强力营销更重要。”

人格魅力

一个拥有情怀、文艺范的企业家，往往容易成为网红。企业家本身具有强烈的人格魅力，无论在现实还是网络世界，都会有很强的感染力和“圈粉”能力。

精心策划文案

通常来说，有配图的文案才能传遍朋友圈，干巴巴的文字哪怕再有话题性也要逊色得多。图文结合的文案，更容易在微博上成为爆炒话题，在微信朋友圈的转发也会更多。例如，任正非食堂排队打饭、宗庆后坐高铁、周鸿祎与雷军的刷屏照片等。

有责任，敢于担当

企业家的私人生活、轶事、爱好恰好符合互联网传播的私人化、情感化特征，尤其能获得网民追捧。当然，隐藏在幕后的企业家一旦站到台前，聚光灯聚焦之下，在收获更大影响力的同时，也要失去一些隐私和自由。

罗马不是一天建成的

从无名到知名，企业家成为网红不是一两次爆款传播就可以实现的。现在一些企业的创始人和CEO，往往最主要的工作就是做企业的品牌传播，也就是在行业参会和演讲。一个不得不正视的现实是，对大部分企业来说，企业内部并没有这样的人物。此时就需要考虑从外部引入一个职业经理人来充当这个角色。如果强行去推企业创始人或某一个人，往往会产生不良后果。

☞ 企业家“涉网”注意事项

企业家涉足网红，角色打造过程中要特别注意一些问题。

千万不要涉及政治

企业在商言商，不要太热衷时事政治，这是一条高压线。

不要用花边新闻、绯闻的方式增加影响力

对企业家群体而言，花边可以增加曝光度，但对粉丝的影响力和号召力的提升几乎为零。这与娱乐圈粉丝喜爱的明星形象、包装定位和演出角色有很大不同。

可能会有人想到京东创始人刘强东的例子。其实，刘强东本身具有很强的行业影响力，在百度热门人物榜单一直排在前列。与“奶茶妹妹”的结合，让刘强东和京东的形象具备了更多年轻元素。非常多“奶茶妹妹”的粉丝从此更加接受京东这个品牌。曾经，京东出现过几次负面新闻，但被刘强东和“奶茶妹妹”的绯闻所稀释，让京东节省了不菲的危机公关费用。

相骂无好口，尽量不涉及人身攻击

如果真的有观点争执，甚至对方恶意抹黑企业，企业家保持理性和克制更能得分。

☞ 不同类型企业如何打造企业家网红

如果是民营企业、初创企业、互联网公司，打造网红会比较顺利。国有企业则较为困难一些，作为国有企业的企业家，往往还需要考虑更多方面的影响。

在新媒体时代，寻求自我突破，接受新鲜事物，具备很强的学习能力，是企业家的基础素养。

小公司的创始人也可以成为大V。在社会化媒体中，一个企业家甚至可以具备一个此公司真实行业地位更强大的影响力。

未来社会，信任是一切商业和社会行为的基石。有了信任，企业与粉丝、粉丝与朋友圈、企业与社群、社群与社群就会形成强烈的聚合效应。可以肯定的是，企业家网红化已是大势所趋。企业身处其中，要么引领潮流，要么被潮流抛弃。

第二节　直播来袭

一台手机，一个三脚架，一堂网络直播的微积分课，最高在线 1.3 万人收看。浙大教授通过网络直播成为“网红”。

2016 年被业内公认为直播元年。从 2016 年年初开始，包括腾讯、阿里、小米、乐视、360 在内的互联网巨头纷纷进入直播领域。移动直播由单一的 PC 秀场进化到移动端平台，渐渐覆盖用户的所有生活场景，成为产业链条的核心枢纽。

据 CNNIC2017 年 1 月 22 日发布的第 39 次《全国互联网发展统计报告》显示，截至 2016 年年底，中国直播产业可验证的用户总量达 3.25 亿。2016 年 8 月，脸书开放直播服务，包括 BBC、华盛顿邮报、纽约时报、今日美国等在内的专业媒体先后入驻。

直播成为聚合流量的新入口，甚至催生了“网红经济”这一新的互联网商业模式。网红主播们纷纷从“直播间”走上科技公司的发布会，甚至被称为“网红直播团”。如今，企业开始在直播平台上重构营销策略。

不只针对用户的消费级直播已经成为产业链条的新枢纽，市场更为广阔的企业级直播也迎来了拐点。企业级直播涉及会议、活动、教育培训、新品发布、产品体验等各大应用场景，覆盖汽车、房产、旅游、科技等众多行业。

☞ 直播的商业价值

在线直播是一种实时性、互动性显著的互联网传播形式。与传统的文字、图片、视频不同，直播具有即时性和真实性等显著特点，对用户更具真实感和吸引力。直播将场景与用户紧密地交互在一起，将需要传递的信息通过视频更直接地展现出来。

瑞士信贷银行股份有限公司预测，2017 年，中国直播市场的规模将达到近 50 亿美元，或将接近移动游戏市场的一半。直播市场将在 2017 年减速，由高速发展转为平稳增长，但仍将保持两位数的增长速度。

作为新兴的社交方式，网络直播引发了新的媒介革命，迅速成为新媒体营销的新阵地。易观数据显示，中国娱乐直播市场活跃用户规模总体呈上升趋势，截至 2016 年 12 月，娱乐直播市场活跃用户超过 8000 万。

从傅园慧、Papi 酱，再到很多科技公司发布会上的美女网红，越来越多的企业参与到企业直播中来。欧莱雅在戛纳做直播导流卖货，利用明星效应让产品快速售罄；小米公司也玩起了直播，雷军甚至亲自上阵；周鸿祎等大佬也纷纷试水。新品发布会、专家 PGC 讲解产品体验……所有适合通过视频公开发布的内容，都在应用直播形式。

企业的新媒体矩阵可以将直播平台的账号囊括进来，通过直播、微博、微信公众号、朋友圈、新闻客户端等多个平台互相导流和推广，以提升企业新媒体矩阵的整体实力。

现阶段，比较活跃的直播平台包括一直播、映客直播、熊猫 TV、淘宝直播、YY LIVE、花椒直播、斗鱼 TV、虎牙、小米直播、咸蛋家、哈你直播、Me 直播、B 站（bilibili）、来疯直播、石榴直播、酷狗直播、花样直播、火山直播、美拍、腾讯 TV、西柚等。

截至 2017 年 5 月，有 200 多家直播平台活跃在移动互联网的手机客户端。未来，经历市场淘汰后，存活名单可能会发生变化。

☞ 直播平台应用

大多数用户在点击一条直播之后，会观看几秒。如果主播没能在几秒内打动用户，用户很可能会直接离开，这说明直播内容无法有效留住用户。如果用户连续浏览 10 ~ 15 场直播，但仍没有找到值得观赏的内容，说明该平台的内容和内容分发有问题。最终，用户会彻底离开该直播 APP。

直播平台通常存在“10/90”法则。少量优秀的播主会吸引 90% 以上的活跃用户，而绝大多数直播的观看用户数甚至不足百人。

内容的重要性不言而喻。这取决于策划、服务、成本等因素。

目前，直播平台已经有了非常清晰的模式。直播产业链上游主要是由明星、关键意见领袖、主播构成的内容提供商，拥有游戏、赛事、演唱会等版权的版权方，以及提供运营服务的基础设施方；下游则为有营销需求的 B 端商户以及有观看需求的 C 端客户。

企业在直播平台上的应用，主要是自建账号和利用直播平台的资源。自建账号分为企业家、品牌 IP、形象代言人 3 种。直播平台的资源，则通常是网红资源和平台的流量资源。

直播平台聚集了大量已分类好的用户流量。在直播平台的营销推广上，企业应针对主播风格及题材内容，个性化地选择广告内容，并审核广告内容及技术上的安全性，做到最高效的垂直人群营销。直播平台应针对广告内容、位置、播放形式进行创意与制作，广告投放切忌影响用户体验。

2016 年调查显示，直播用户对不同广告投放方式的接受程度各不相同：由于开屏广告和打赏礼物广告对观看直播的影响微乎其微，用户的接受度比较高；固定位置的图片、动画广告可以手动关闭或避开，用户的排斥性不强；口播植入广告对收看体验有一定影响，但主播若采取技巧性植入，也会提高用户的接受程度；评论及弹幕广告对直播收看效果和互动效果的影响较大，用户的接受度最差。

企业通过直播连接各个社交平台，例如微信、微博等，可以在互动模式下形成强关系，实现更高的销售转化率。直播营销不仅大幅降低了营销成本，还可以实现直接购买，并具有粉丝沉淀和品牌传播的附加价值。

☞ 企业“直播 +”的正确方式

如今，每天都有几十场直播秀在世界各地进行，不断刷新纪录的背后，是企业希望通过这种新的社交形式获取用户的动机。

利用直播平台流量，企业可以实现很好的营销效果。随着直播平台间的整合兼并，和单一 APP 用户量的提升与流量聚集，“直播 +”模式在未来很长一段时间将成为企业品牌传播和营销的标配。

发布会直播

在原本缺乏娱乐性的发布会现场，引入网红直播团，可以让发布会的观赏性和吸睛指数倍增，提升关注度和曝光度。流量有红利，人气可以转变成销售。

2017 年 3 月 28 日 14：00，神秘了 7 年的网易味央养猪场首次大公开，成为中国 6713 万个养猪场中第一个敢于公开直播的猪场，在网易新闻客户端大咖汇、网易考拉直播、网易 CC 直播、网易 BoBo、bilibili 直播、斗鱼直播、虎牙直播等 7 个直播平台，吸引了超过 500 万人围观。将养猪场内部直播给 500 万网友，网易是第一家。

产品体验直播

产品实力强的品牌，邀请业界专家大 V、形象符合企业特性的网红站台，通过直播可吸引海量粉丝的注意力，形成良好的广告转化效果。

邀请网红开展的产品体验直播，需要有针对性地进行精细策划和提前演练。直播前要做好细节准备，如话题、物料、奖品、互动规则、颁奖规则、网络流畅等。注意策划多个噱头，并保证预热时间，渠道要充足，通过直播、短视频、微博、微信朋友圈各平台相互配合制造爆点。

2016 年 7 月 30 日 ~8 月 1 日，Audi Sport 嘉年华活动期间，奥迪与多家自媒体合作，邀请了 17 位优质网红进行直播。活动期间，直播平台累计播放 88 次，直播总时长约 5700 分钟，累计观看人数逾 600 万人次。微博实时直播，并与用户互动交流。这次直播的细节在于，Audi Sport 在选定网红后，直播创意团队对网红进行了专业培训，给重点网红一些特别的资源，利于其吸引人气。团队还结合手机直播及网红的特点，不同环节启用不同的网红，做到多个机位记录现场，快速形成小视频，并在传播上有明确分工。

不过，直播中可能出现的意外情况很多，企业在直播时要做好现场和传播应急预案。雷军亲身到场的小米无人机直播，就曾经失败，无人机在数以十万计的粉丝直播窗口中掉了下来。之后，官方给出的解释是电池没电了。因为小米公司对危机的应对不够及时，很多自媒体纷纷发表观点和评论，给小米公司带来了诸多负面影响。

企业家直播

由于社会化媒体的深入发展，身为行业领袖的企业家们，正在影响着更多的普通网民。雷军、周鸿祎、罗永浩等，纷纷在直播平台中露脸，吸引了数以百万计的粉丝。

2016 年 5 月 11 日，雷军在网络直播平台直播了发布即将上市的小米 MAX 手机，在当日百度指数中的搜索指数超过 23 万，在 5 月 17 日首发时同样引起了轰动，搜索指数也达到峰值。可以说，雷军的网络直播首发对小米 MAX 随后的大卖起到了非常重要的促进作用。

2016 年 5 月 12 日，影片《百鸟朝凤》的宣传发行方负责人方励在某直播平台跪求排片方的事件，瞬间引爆网络；5 月 13 日，关于《百鸟朝凤》和方励的搜索更是达到了峰值；截至 5 月 15 日，《百鸟朝凤》单日票房 900 万元，上座率为同档期第一，顺利完成了逆袭。事件的发生充满波折，但直播营销带来的结果显而易见。

企业家参与访谈直播，传递企业家的个人品牌，可提升企业知名度及市场好感度，塑造良好的企业公关形象，这是一种值得尝试的做法。企业家在千万用户和网民面前展露真容，侃侃而谈，无论是发表观点，还是介绍企业和产品，甚至跟用户闲聊，指点用户的疑惑等，这种互动能让网友乐在其中。直播过程中，活动和礼物也是整场直播的噱头和爆点。观众参与活动得到礼品，会加深对品牌的印象。

产品售卖直播

随着消费的不断升级，低价爆款时代已经过去。如今，用户追寻的是自己喜欢的东西，而非廉价品。直播可以将品牌曝光、流量变现和产品售卖多点集合在一起，达成很好的效果。尤其是对于一些电商平台的店家来说，是释放销售最有力的工具。

“直播 + 明星”的传播模式可获得非常好的营销效果。2016 年 9 月 11 日晚，欧丽薇兰邀请娱乐圈楷模夫妻沙溢、胡可，与陆毅、鲍蕾在一直播还原锋味菜。在“用美味宠爱你的最爱”的主题下，沙溢自带笑点，夫妇二人的调侃、“互怼”将直播推向高潮，以感性的方式分析产品特性，凸显了欧丽薇兰主打“宠爱”的品牌概念，整场直播共有 2800 万人次围观。

直播可以与电商平台直接连接，在直播内容中穿插与品牌相关的内容，从而实现品牌的转化。与美女网红的个人直播不同，企业推出没有内容支撑的直播，哪怕有网红“站台”，想要引起海量关注和实现销售转化也非常难。

直播还可以是企业商业行为的实时直播。企业组织的大型活动、企业家参与的活动、企业年会等，凡是可以开放给外部的所有场景，都可以通过直播的形式传播出去，以全面塑造企业形象。

如果企业对自身的生产流程充满信心，不妨尝试开通24小时不间断的产品生产线直播，其间插播企业家访谈、PGC专家产品体验、网红促销等内容，让直播成为用户实时关注企业的窗口。

☞ 想象空间由你而定

直播为企业建立了一个新的场景，为企业与用户的沟通创造了新的互动模式。粉丝可能会被“实时触发”，成为企业的现实用户。而怎样将“此刻正在发生”的场景与企业自身的品牌和产品相契合，考验的则是企业的新媒体思维。

企业在微博、微信、新闻客户端及移动直播等不同新媒体平台，所传播的内容应有所区别，因为不同平台的粉丝群体虽有重合但也存在差异。

移动直播技术的发展为企业带来了新的想象空间。360°全景直播、直播间多路视频直播、无人机航拍直播、水下拍摄及VR直播，这些技术让品牌有更多角度的展现，那些为企业提供直播产品与内容支持的服务企业也将大有可为。

未来将是一个以泛生活和场景化直播为主题，结合VR技术，全面开启新闻、教育、科技、旅游、医疗、生活消费等全场景沉浸式“直播+”时代。

第三节　视频、短视频、音频

2016 年里约奥运会期间，中国奥运选手傅园慧的采访视频迅速引爆网络。随着移动 4G 通信技术的普及，视频和音频软件在摆脱流量瓶颈后，爆发出全新活力。微博、微信的先后崛起，也对视频、短视频、音频的传播起到了一定的推动作用。众多视频、短视频、音频网站和 APP 的快速增长，为企业营销带来了新的机会。

在新媒体时代，企业要具备跨媒体的传播能力，自建一个有影响力的 IP（Intellectual Property），在视频乃至新媒体领域变得越来越重要。

然而，这项目工作并非一蹴而就。对于资源禀赋不同的企业，在新媒体领域所采取的战略有所不同：如果是内容型公司，甚至是视频节目策划类公司，在视频、短视频平台上显然应有所建树；对内部资源有限的公司，则需要合理分配资源，以实用为主，在最具价值、最可能突破的平台上下功夫；对于资源丰富的大企业来说，需结合企业战略目标，先选择突破点，而后在新媒体领域全面展开。

☞ 视频新阵地

近两年来，移动视频市场呈现高速增长趋势。艾瑞数据显示，截至

2017 年 1 月，网络在线视频（含电视剧、电影、综艺、动漫）覆盖人数达到 4.34 亿；网络电视剧集点播覆盖人数达到 3.53 亿；电影、综艺分别收获 2.44 亿和 2.12 亿用户的关注；动漫点播覆盖用户数环比增长 10%，达到 1.87 亿。

自建 IP、视频营销、广告是企业对视频的主要应用。自建 IP 对企业的基因属性和资源要求较高，中小企业更适合在网络上进行视频营销和广告。

视频营销是指企业将各种视频短片用各种形式放到互联网上，以达到营销目的。视频营销具有目标精准、主动传播、互动性强、传播速度快、成本低廉、效果可测等特点，相比纯文本和图片，用户更喜欢视频的形式。在传播过程中增加互动性，有利于提高企业品牌的知名度，并帮助企业拓展更多的粉丝和用户。

与其他“新媒体 +”策略类似，企业在视频网站上的视频营销和广告，也需要从目标定位开始，然后是平台评估与选择、策略制定、日常策划与执行。在资源有限的情况下，应做好投入和短、中、远期收益的平衡。

对视频平台进行评估的手段主要包括行业分析报告、网站访问体验、广告投放分析，以及视频网站是否有自媒体频道等。举例来说，如果某视频网站的行业内容缺失，且企业也从未在其网站上投放广告，企业就需要把该网站的优先级调低一些。

完成视对频平台的一般性分析之后，则要对选定平台进行优先级排序，避免因内容时差问题影响用户体验。例如，在微信订阅号中推送视频消息，需要先将视频资源上传至腾讯视频。因此，我们需要测试从制作视频到上传至视频网站，以及审核通过所需要的时间。经过几次测试，得出相对稳定的数值范围，根据结果确定在各个视频平台进行更新的顺序。

视频策划的内容要兼顾娱乐性和有用性。视频创意源于产品的核心价值。而企业选择的视频类型取决于市场情况和企业目标。通常，客户案例、教程视频和演示视频是比较有效的视频类型。

由于视频不像文字和图片那样容易呈现，可每周或每月召开一次视频策划会，对选题和风格做出构思。视频制作人员在此基础上结合时下热点，融入创意，进而生产内容。由于视频形式会受到企业预算、制作水平等条件的限制，所以创意变得尤为重要。

囿于时间的限制，视频不适宜承载信息量过大的内容。讲用户喜欢的故事，品牌植入越软越自然，越带有情绪共鸣，用户越容易买单。

电视剧《青云志》中三九胃泰的广告植入，不失为一个好案例。网民都知道在那段历史中，没有三九胃泰这个产品，也就没必要在仙侠剧中跟这些明显的漏洞较真。避免在视频中硬性推广企业的产品，这样只会引起用户的不满。

企业也可以选择在视频中展示品牌的历史、价值观或使命，拍摄展现品牌文化的宣传片、产品短片、解答客户疑问的短视频。例如，将产品制作过程整合成视频展示给用户，在应对用户质疑时更加有效。独具匠心地传递厚重历史和优秀价值观的视频，会让用户在使用产品的时候更自信。

有条件的企业，在制作视频时适当地使用3D、VR、无人机摄像等新科技手段，会让视频的呈现更有趣。新鲜的、充满科技元素的策划，更适合科技属性强的企业。

视频制作完毕，在上传到优酷、爱奇艺、腾讯视频、搜狐视频、乐视等视频网站之前，一定要认真设定标题和关键词。在视频标题上，可加上公司或产品名称。另外，很多视频网站都开设自媒体频道，企业可以申请开通。把所有视频集中到一个位置，方便粉丝的关注和访问。

视频上传以后，获取更多粉丝、扩大影响力最有效的方式是找到平台上活跃的关键意见领袖，与之合作，利用关键意见领袖进行社交媒体传播是必选项。另外，在传播中，要给予粉丝适当的互动和激励，包括点赞、评论等。这种做法虽然简单，效果却很显著。

视频要通过多种方式传播。在微博上要使用话题标签“#”、在社交媒体上分享，让粉丝看到最新的内容，有利于增加视频的关注和转发。

在视频中嵌入行动呼吁，增加互动元素。视频营销的目的是增加转化，缺少行动号召很可能无法实现转化的目标。通过增加导语、联系方式等，则可添加互动元素，在关键时刻拦截粉丝。

如果有推广预算，可选择发布平台提供的直通车类产品，往往性价比更高一些。

企业进行视频策划传播的好处之一是存在长尾效应。在推广期引爆后，不用后续维护，后期观看视频的人也会越来越多。

多平台、多渠道分发、爆款传播的推广值得企业尝试。当然，前提是内容过关。如果视频没有爆款元素，即便硬推，在互联网上也很难传播开来。在新媒体时代，多平台分发是企业的必备策略。即使是 Papi 酱这样的网红，依然活跃在微信、微博、A 站（AcFun）、B 站、优酷、爱奇艺、腾讯视频、美拍、秒拍、小咖秀等多个平台。这种平台间的互相促进，对于企业传播的价值显而易见。同样，企业在视频营销中，通过网站、微博、微信、邮件营销、短信营销等多渠道联合，锁定目标用户进行最大化传播。

☞ 发力短视频

短视频是一种视频长度以秒计算，主要依托移动智能终端实现快速拍摄与美化编辑，并在社交媒体平台上实时分享的新型视频形式。

2012 年 10 月，推特收购了短视频鼻祖 Vine，这是短视频应用第一次进入公众视野。国内的短视频市场在 2016 年迎来爆发期，众多资本和创业者涌入。极光大数据显示，截至 2017 年 1 月，国内短视频用户规模达 1.3

亿人。2017年2月23日，快手拿到了3.5亿美元投资。如今，短视频营销正在成为新的风口。

在海外市场，短视频营销已经为不少品牌所广泛运用，并且收到了不错的效果。如今，4G全面应用，5G时代即将来临，随着移动端的普及，短视频也逐渐成为国内企业新媒体矩阵的重要组成部分。目前，国外比较有代表性的短视频发布平台有YouTube、Instagram、Vine、Snapchat等，国内应用市场上有美拍、秒拍、小咖秀、快手等。

通常，短视频的长度控制在30秒以内，制作门槛低，无须专业拍摄设备。短视频的社交属性强，其传播渠道主要为社交媒体平台。

短视频与电商结合更适合企业开展新媒体营销。将产品植入内容，实现社交网络自发扩散的传播效应，短视频是天然的载体。基于社会化媒体氛围，短视频需要有趣、触动内心、能激发用户自发分享。

短视频适用于移动端，具有利于搜索引擎优化、分享便捷、反馈及时等优势，凭借低制作门槛，无过高技术含量的操作，迎合了大众化需求。

企业在短视频营销时需考虑以下因素。

首先，目标清晰。企业是进行品牌传播还是为了转化为实际的订单，目标不同，会导致策划和发布过程中很多细节不同。如果希望用户下单，则围绕功能持续加深用户的印象，需要做到持续营销；而想要传播品牌，企业只需讲好故事。

其次，呈现形式要仔细斟酌。产品植入一定要巧妙，做到“润物细无声”。凡广告意图明显的内容大多难以得到大规模转发，娱乐化的内容传播效果最好。

再次，标题和封面直接决定生死。决定网友是否点击一个内容的时间仅有几秒钟，所以标题一定要简洁，有吸引力，关键字明显。此外，封面图片要醒目，能勾起用户的好奇心。

最后，节奏一定要快。不需要太多的解释和铺垫，要保持住用户的关注度，不能让粉丝观看一段就感到厌倦而取关。

企业营销类短视频发布要避开大事件，选择大部分人在家休息的晚上或周末。

在推广上也要多渠道铺开，用好秒拍、美拍、快手、小咖秀、A 站、B 站、腾讯视频、爱奇艺、优酷等传播渠道，争取首页热门、频道推荐、排行榜等位置。因为，当下最省钱的营销方式是借助别人的流量，短视频平台也有千万级的 DAU。

仍然需要引入关键意见领袖。多个中小 V 的组合比寥寥几个大 V 更重要，因此，需要找到一些精准且流量真实的关键意见领袖。

短视频营销的成本相对低廉，尤其适合资源有限的中小企业。

☞ 不容忽视的音频

在线音频是指除完整的歌曲或专辑外，通过网络流媒体播放、下载等方式收听的音频内容，主要有播客、有声书及网络电台 3 种主要形式，内容涵盖新闻播报、脱口秀、评论访谈、相声评书、广播剧、教育培训等多种类型。在线音频平台是指运营并向用户提供在线音频的内容平台。

从网络播客、移动 FM、有声书籍、中国在线等开始，音频行业经历了较长的发展时期。网络电台近两年迎来爆发，以喜马拉雅 FM、荔枝 FM、蜻蜓 FM 为代表的一批网络电台成为 8 亿智能手机用户使用频率很高的一类 APP。

当用户的双眼、双手被占用时，音频会成为一种方便获取信息的良好载体。相比视频、图文等，音频具有独特的伴随属性，不需要占用双眼，因此，能在走路、开车、健身、乘地铁、做家务等场景中发挥效用。

音频切中人的听觉，场景清晰。企业如果能够用好音频，可以快速获取粉丝、提升销售转化。例如，车主这一群体的价值就非常值得发掘。

那么，企业可以在音频内容中做哪些事情?

植入广告

企业可选取目标受众集中的音频节目植入广告。热门主播往往在用户中具有较大的影响力，与主播合作，推送精心策划的原生音频广告，可潜移默化地完成营销推广。把广告做成“段子”，再配上主播煽动性的语言，听广告也可以成为一种享受。

策划“企业 + 主播”与粉丝互动的活动。主播与粉丝们一起参与到线上、线下的各种活动中，例如旅行、美食、游戏观影、展览等，通过主播与粉丝间的互动，有效地进行企业品牌输出。

企业新媒体 + 音频

企业直接入驻音频平台，建立自己的音频自媒体。开通官微，或建立微信公众号，或在音频平台开通账号，做一个有特色的电台，打造一个与产品相关的音频节目并固定更新。

企业做电台自媒体，需找准定位，如知识攻略、达人互动、幽默搞笑、活动传播、美文疗伤等。杜蕾斯在喜马拉雅 FM 开通的“杜杜电台”、大姨吗的“玛芬电台”、“大姨吗星座诊断报告”等值得借鉴。

“企业新媒体 + 音频”的内容运营方案可提升企业官微、公众号的黏性，增加与客户的互动，为企业新媒体提供更丰富的内容支撑。在公众号推送的内容中嵌套音频节目，可为粉丝提供更好的体验。

企业电台的节目主播应固定，企业创始人可参与与粉丝的交流和互动。传播是全渠道的，企业创始人与用户和粉丝的接触可以出现在各种载体和平台上。

策划定制节目

企业根据品牌和产品特点，与特定主播合作定制节目，更容易获得主播粉丝群体的认同，通过精心策划的粉丝特权加速营销转化。

声音能够清晰地呈现品牌形象，使品牌更具个性化。有性别、年龄属性的声音，能传递出或慷慨昂扬，或温柔婉约的情绪。具有明显识别的声音，会促进用户对品牌的记忆和理解，提升用户对品牌的认同感。

第四节　布局海外新媒体

目前，很多企业纷纷把目光投向海外，利用国内经验，预先布局海外市场。

以往，跨国经营是大企业的“专利”。在新媒体时代，中小企业也可以成为全球化企业。得益于移动互联网、电商、物流等领域的发展，全球化将成为中小企业未来发展的新机遇。

☞ 企业全球化路径

全球化企业需要集合各方的智慧，亦需要更好的架构将智慧变现。日本著名管理学家、经济评论家大前研一将企业的全球化分 5 个阶段：

第一阶段，公司把产品带到国外新市场，与当地的代理商和分销商建立联系。

第二阶段，公司把这些业务接管过来。

第三阶段，驻扎在当地的公司开始生产、营销、销售。

第四阶段，公司在当地市场上成为内行，有完整的业务流程，还有研发部和工程部。

第五阶段，实现权力转移，解决公司远程管理问题，创立一套公司管理层共享的价值观，取代之前的总部导向。

☞ 如何布局

平台选择。如果企业建立了海外战略，那么企业的新媒体同样应该布局海外。企业的海外新媒体传播战略应该较好地支持公司的整体战略，增加企业在市场、细分市场或垂直领域的潜在客户，提高品牌在该地区的知名度。不同的营销渠道对于目标客户会产生不同的影响。通过有趣的内容营销可以用相对低的成本，在目标用户群体中建立品牌知名度。良好的品牌形象和粉丝基础，将帮助企业更好地开拓市场。Facebook、Twitter、Youtube 等几乎覆盖所有国家，Snapchat 也非常值得关注。但各个国家网民对社会化媒体的使用情况各不相同。解决这一问题的简单办法是招募当地人员，因为只有当地人才最了解本地的情况，这样可以避免不少风俗、习惯、法律、民间禁忌等方面的问题。

目前，海外社交媒体在活跃用户数量、发布信息数量、信息分享传播速度等方面较传统媒体而言均有优势。从世界范围看，企业在海外社交媒体上开设官方账号，有助于企业品牌的全球化传播，为企业沟通粉丝和用户，准确判断市场趋势，及时回应海外负面舆情提供重要依据。

如何开展营销。需要指出的是，只有充分理解海外社交媒体的传播规律才能利用好它。一般来讲，图片和故事更容易在海外社交媒体上传播并获得效果。企业有必要对受众群体和传播效果进行更加精细、专业的分析，了解在不同平台上传播究竟抵达哪些人，实际产生的影响如何，在此基础上，才能制订更有针对性的传播方案。当然，传播是建立在企业账号拥有一定数量粉丝的基础上。

另外，也可以开展搜索引擎营销（SEM），即俗称的关键字广告，直接引流到网站，激发目标用户的购买意愿，促进直接购买。谷歌的关键词广告体系与百度有所不同，企业需要建立全新的认知。

通过一些企业的海外社交媒体营销招标公告，可以管窥企业在海外新媒体营销中的策略和做法。企业在海外传播中是选择自己动手，还是找供应商，最终要依据企业自身的情况做出具体分析。

某公司 2016 年海外社交媒体营销招标公告（部分）

项目需求：（略）

服务时间：2016—2017 年（具体以签署合同为准）。

服务涉及的社交媒体平台包括但不限于 Facebook、Twitter、Instagram、YouTube、LinkedIn、Pinterest 及其他新兴社交媒体平台。

服务要求：

（1）投标商应具有专门的海外社交媒体营销策划团队，提供包括但不限于活动创意、营销方案撰写及执行、广告投放创意方案及执行、广告投放效果分析、营销工具及系统研发、推广物料提供、奖品采购及派送等服务。

（2）投标商应具有数据监控追踪系统，包括但不限于用户数据挖掘分析、用户分组标签化、访客行为分析、二次营销、精准推送等功能。

（3）投标商应具备海外社交媒体平台及系统的日常运营及维护能力，提供推广软文、模板及广告物料设计、舆情监控、会员维护、日常运行保障等服务。

（4）投标商应按周、月、季度、年度以报表形式分析社交媒体数据，并根据要求提供驻场服务。

（5）投标商应提供外部资源推广服务，包括与其他企业社交媒体开展合作推广、策划联合营销活动等。

第五节　VR 与 AR

2016 年，VR 与 AR 是不得不提的两大关键词。在这一年中，VR 和 AR 市场经历了里程碑式发展，业界将 2016 年称为 VR 和 AR 的发展元年。据 IDC 预计，到 2021 年，VR 和 AR 市场将合计增长近 10 倍，出货量将从 2016 年的约 1010 万台增至 2021 年的 9940 万台。

VR 技术是一种可以创建和体验虚拟世界的计算机仿真系统。它利用计算机生成一种一种多源信息融合的、交互式的三维动态视景和实体行为的系统仿真模拟环境，使用户沉浸到该环境中。VR 与文字、图片、音频、视频等元素构成的已知媒介设备不同，它不仅传递想象的空间，提供接近真实的视觉、听觉感知，还转换人们的感官感受。人们不再是旁观者，而是参与者。现阶段，VR 技术和设备可以帮助用户更好地体验音乐会、玩游戏、远程面对面聊天，与虚拟世界的小伙伴一起玩耍。

AR 技术于 1990 年提出，是一种实时地计算摄影机影像的位置及角度，并加上相应图像、视频、3D 模型的技术，这种技术的目标是在屏幕上把虚拟世界套在现实世界并进行互动。随着随身电子产品 CPU 运算能力的提升，AR 的用途将越来越广。AR 技术让用户与产品之间的互动更深入，更有参与感。

MR（混合现实技术）是虚拟现实技术的进一步发展。该技术通过在现实场景呈现虚拟场景信息，在现实世界、虚拟世界和用户之间搭起一个交互反馈的信息回路，以增强用户的真实感。物联网的兴起让 MR 逐渐衍生出娱乐之外的应用，一些公司正试图将 MR 集成到制造环境中，以改善制造流程。

VR 是纯虚拟数字画面，AR 是虚拟数字画面加上裸眼现实，MR 是数字化现实加上虚拟数字画面。

VR/AR 将开启第三代互联网时代。人类和计算机之间的关系将由单一人类向机器获取信息进入到人机交互的时代。

第一代是以 PC 互联网为基础的互联网时代。信息互联网把大量信息集合到一起，网民通过桌面计算机上网，完成信息查询、搜索、阅读、信息的上传和接收、网络游戏、社交以及网络电子商务等工作。谁能更简单地构建信息与人的关系，谁就成为霸主。该时代的代表企业是微软、谷歌、雅虎、新浪、QQ、百度、淘宝等。

第二代是以移动互联网为基础的互联网时代。以“位置 + 信息 + 服务”为特点，用户通过智能手机终端，随时随地，快捷、交互地获取信息。手机是个人的终端，把人和信息、位置、服务连接起来。谁控制了用户手机的信息获取和位置服务，谁就是霸主。代表企业是 Facebook、Twitter、微信、微博、嘀嘀、饿了么等，此外还有移动游戏公司。

第三代将是以 VR/AR、人工智能、物联网为基础的互联网时代。脸书首席执行官扎克伯格、腾讯创始人马化腾都曾在公开场合表示，VR/AR 将是下一个计算平台。

众多企业已经开始试水虚拟现实营销，可口可乐、麦当劳、迪士尼、宜家、路易威登（LV）、宝马和天猫等都在这一领域进行了不同程度的尝试，还有不少科技企业在 VR 领域布局硬件和相关技术开发。

VR 的发展已经有几十年的时间，最早用于军事领域，实现战斗、飞行等军事模拟。随着社会的不断发展，VR 逐渐应用到各行各业，如教育、媒体、社交、医学等。如果达到普及阶段，它的影响或将是颠覆性的。

☞ VR 的市场潜力

从全球范围来看，过去几年无疑是 VR 的市场培育期。微软、谷歌、苹果相继收购 VR 相关企业，索尼启动 Morpheus 计划，谷歌推出 Cardboard，三星与 Oculus 合作推出 Gear VR。2016 年，VR 消费市场迎来 Oculus Rift、HTC Vive 及索尼 PS VR 三大明星产品的上市。

2016 年，国内的 VR 行业同样热度很高。赛迪顾问公布的数据显示，2015 年，国内 VR 融资规模为 21.8 亿元，共发生 60 轮融资；2016 年，行业融资规模达 49.8 亿元，融资猛增至 178 轮。目前，VR 的创业方向主要集中在设备、内容、交互工具、开发工具领域，但也面临一些严峻挑战，如硬件产业链并未完善、技术尚未成熟、行业标准尚未确定、内容缺乏、市场需求与盈利模式尚不清晰等。

2017 年 1 月 24 日，IDC 发布文章预测，2017 年国内 VR 市场将出现爆发式增长。

通过 VR 可以让作品的观感更真实，将艺术作品、美学价值、学术教育等内容更加形象、趣味地展现给公众，让人沉浸其中并激发想象力。VR 技术为品牌与消费者建立了一个新的连接，VR 的沉浸式体验不仅可以让消费者“身临其境”，还可以“实时体验”，更重要的是能够通过创意和技术为品牌进行新的场景重塑，为品牌价值的提升塑造新的空间。这种空间的缔造可以实现品牌超越现实的体验，让消费者对品牌产生更多探索与发现，在传播过程中不仅完成了品牌信息的展现与公示，还重塑了品牌的故事性与情感。

☞ AR的市场潜力

通过AR，当人们拿起手机时，就能够通过手机看到所使用产品的运行状态、性能和各项参数。同时，这些数据通过物联网也能够直观地反映给产品设计师，从而使他们不断优化和完善产品，为客户带来更好的体验。

数码资本（Digi-Capital）研究报告显示，截至2016年年底，全球AR市场的规模约为12亿美元，预计2020年将达到830亿美元。值得注意的是，我国《"十三五"国家战略性新兴产业发展规划》中明确提出，要促进数字创意产业的蓬勃发展，创造引领新消费。其中便涉及加大空间和情感感知等基础性技术研发力度，加快虚拟现实、增强现实、全息成像等核心技术创新发展等。

在《中国制造2025》的重点领域技术路线中，AR被列为智能制造核心信息设备领域的关键技术之一，其核心内容主要研究三维空间射频识别（RFID）注册定位技术、工业物联网信息三维空间、搜索、显示与交互技术，可见AR技术已经成为制造业转型过程中的关键技术之一。

格里格·基佩尔（Greg Kipper）在《增强现实：指向增强现实的一种新技术》一书中写道："增强现实将具备更多的实际应用价值，因为在现实中，与真实世界中的事物互动的人更多一些。"

AR眼镜可以帮助人们解放双手并实现远程教学，在某些特殊场景下能够极大地帮助企业提高效率、降低成本，只要搭配好合适的行业解决方案解决企业痛点，发展前景广阔。以教育领域为例，增强现实可以将文字和图片立体化，进而增加阅读的互动性和趣味性。通过增强现实技术，用户可以进行深度索引阅读。

在制造业，AR技术应用也有着广泛的前景。AR技术可以让设备的维修维护变得更便利，可以更便捷、准确地指导产品的生产制造过程。甚至经过简单培训的技工可以通过 AR 技术进行较为复杂的操作。在设备帮助下，可以实现提示信息与现实动作的同步。

将 AR 技术融入物联网中，可以使信息的呈现方式更加便利、友好和直观。让产品营销变得更犀利。你也许想象过这样一个场景：你看到的任何一件感兴趣的物品，都可以通过 AR 设备直接读取出相关信息，甚至直接购买。

市场分析机构 IDC 于 2017 年年初公布的评估报告中透露，未来 4 年，AR 的市场规模将是 VR 市场规模的 2 倍。报告预测，2021 年 AR 和 VR 设备的总发货量有望超过 9940 万台，而目前 AR 和 VR 设备总发货量为 1010 万台。2016 年 AR 设备的总营收为 2.09 亿美元，2021 年这一数据有望突破 487 亿美元。VR 设备在 2016 年的总营收为 21 亿美元，2021 年将增长到 186 亿美元。

除游戏、传媒、娱乐领域外，AR 技术未来也将在机械制造、医疗、军事、教育、考古、旅游、建筑等领域有着广泛的应用，甚至足以支撑起下一个千亿元级别规模的市场。

☞ VR 营销的优势

VR/AR 技术给予用户一种全新的科技体验，如今已经被许多企业所运用。技术虽重要，巧妙地将创意融合，并完善体验，才能更好地让用户所买单。

可以预见，虚拟现实内容和应用的真正爆发会在 2017—2020 年间。借力虚拟现实这个话题，企业将完美地展现自身的品牌魅力。在国外，很多品牌早已在 VR 领域进行了不同程度的尝试，如宝马、耐克、LV、可口可乐等。

VR 与 AR 技术的到来，意味着我们将告别传统的广告营销手段，打破企业在平面载体框架内传播信息的历史。电视、广播、户外、杂志等传统媒体将被消费者忽略。在“娱乐至死”的当下，“好玩”永远是吸引用户的最佳武器。虚拟现实营销让消费者沉浸在商家设定的环境中，用新奇好玩的创新方式，最大程度展现品牌的优势，刺激购物欲望和行为。

VR 营销最重要的价值在于现实体验感和互动感，大幅提升用户的沉浸感。企业应根据产品卖点，通过精巧的互动环节设计，将产品卖点融入，提升消费者的交互体验，使其在沉浸中深入浅出地了解品牌和产品。

借助 VR，企业将与消费者建立起更为感性和深度的关联，品牌可出现在消费者熟悉的生活场景之中，通过视觉、听觉的 VR 重构，深度刺激消费者的情绪，引起消费者共鸣。

例如，在家居行业，往往会发生买家在选购产品时觉得好看，但是实际做出来的效果却差强人意的情况。定制的沙发搬到家里，才发现不合适。家具企业开展 VR 营销，可以通过佩戴 VR 显示设备行走于精心打造的“生活空间”之中，从任意角度真实地感受房间装修后的空间布局、家具的颜色材质及各种家具产品搭配效果等。客户通过“亲身”体验，可以预知家装效果，代替以往的想象，这有利于其更直观地选择最中意的方案。另外，VR 技术的运用能让消费者参考更多的家居场景，增加购买者的对比机会，从而选择性价比更高的方案。

家装企业也可以利用 VR 技术体现自己的产品组合搭配，节省店面展示及营销成本。而且 VR 所能提供的产品体验，还可以借助手机软件直接分享到社交圈，实现企业品牌和产品的人际传播。

在可以想见的未来，任何领域的品牌和产品，都可以找到适合自己 VR 营销模式。

☞ 企业 VR 案例

对于需要在视觉效果上要求有所突破的企业外，VR 已经让越来越多的传统企业心动。

Dior 门店设置虚拟现实头盔

法国 Dior 时装屋推出了一款名叫 Dior Eyes 的虚拟现实穿戴设备，样子很像 Oculus Rift 虚拟现实游戏穿戴头盔。这个 VR 头盔是专门设计给想看看时装周后台的人准备的，可以帮助他们身临其境地去时装秀后台，“近距离”围观造型师如何化妆、模特们登上 T 台之前做了些什么。Dior Eyes 的技术外援包括法国 DigitasLBi 实验室和三星。

可口可乐虚拟雪橇之旅 VR 营销

2015 年圣诞节，可口可乐在波兰创造了一场华丽的虚拟雪橇旅程。通过使用 Oculus Rift，人们可以沉浸在虚拟世界里扮演一天圣诞老人。在这次虚拟雪橇体验中，体验者可以像真正的圣诞老人一样驾驶雪橇车穿越波兰拜访各个村庄。

世界首次虚拟游行，西班牙人民用全息影像抗议新法

西班牙的《新公民安全法》推出后，很多西班牙人认为这剥夺了他们的人权。在当地时间 2015 年 4 月 10 日 21：30，许多西班牙人在马德里议会大厦前的广场上发起“游行”，抗议这项新法律。但他们并没有真的出现在游行现场，而是以全息影像的方式进行虚拟游行，举行了世界上首次虚拟的政治示威。

纽约时报的 VR 纪录片

战争已经使得 3000 万名儿童流离失所。纽约时报抓住了这个悲伤的事实并拍摄了相关的 VR 纪录片。同时，纽约时报和谷歌公司联合，免费向纽约时报的读者提供谷歌纸板眼镜和相应的 VR APP。

沃尔沃 VR 驾驶测试

虚拟现实驾驶是一件非常有意义的事，尤其是当你身边没有汽车租赁商的时候。著名的汽车厂商沃尔沃在发布其最新的 XC90SUV 时，就提供了一个相应的虚拟现实体验 APP。通过 APP，使用者就好像真的坐在 XC90SUV 的驾驶席里体验新车的驾驶乐趣。

Patron 的 VR 产品之旅

世界知名烈酒厂商 Patron 制作了一个关于其产品制作全流程的虚拟现实短片，向用户彰显 Parton 在烈酒制作领域的贴近自然的艺术化工业流程。

阿里巴巴 VR 营销

2016 年 4 月初，一段叫作“Buy +”的 VR 虚拟视频出现在网上。由阿里官方信息可知：“Buy +”是通过 VR 技术搭建出真实的跨国购物场景，实现足不出户“买遍世界”。从阿里巴巴宣布成立 VR 实验室，发布“Buy +”计划，全面布局 VR 可以看出，以阿里为首的国内巨头已经开始在 VR 领域发力。

☞ 企业的“VR +”

目前，国内外企业，如 Facebook、三星、百度、腾讯、阿里巴巴等都在紧锣密鼓地布局 VR。在 VR 产业，VR 社交、VR 营销、VR 购物等沉浸式体验的普及并不遥远。

高盛发布的报告显示，2020 年，VR 教育的市场规模将达到 3 亿美元，同时，VR/AR 设备将率先走进 K－12（基础教育阶段）市场，成为可视化教育的交互工具。美国某调查研究显示，已有 85% 的老师认可了 VR 教育，并对 VR 在教育领域的潜力充满期待。

在更专业的领域，VR 的应用潜力被进一步被挖掘，例如工业、医疗、汽车制造等。Facebook、谷歌、索尼等巨头走在虚拟现实技术的前列。eBay 公司推出了视觉搜索技术，创造了一个纯粹的虚拟商店，顾客可以利用特殊眼镜来挑选感兴趣的商品。Facebook 希望将社交化的虚拟现实体验，带给数以亿计的网友。

目前，VR 行业硬件、软件技术还存在种种局限和不足。VR 设备处于发展早期，有点像早期出现的 iPhone。消费者需求仍占多数，其次才是企业需求。相信随着技术和用户需求不断提升，企业“VR +”将得到全新的发展。

相对于使用手机的碎片化时间，VR 具有更长时间的访问和更好的用户体验，在商业上显然更具价值。未来，会有越来越多的公司接受并采纳 VR 营销。随着 VR 技术的突破和第三代互联网时代的到来，所有公司都会面临一个新问题：如何在“新世界”中打造品牌和售卖产品。如果企业在当前的新媒体领域没有做好布局，那么在逐渐到来的“新世界”中将很难占据一席之地。

第六节　内容创业的窗口

在新媒体时代，内容创业的窗口一直打开着。企业介入的时机，就是最好的时机。

随着新媒体领域的发展和进步，内容创业成为很多媒体人转型的选择之一。徐沪生、秦朔、黄章晋、陈植雄、伊险峰等都是媒体人转型成功的案例。有专业背景的媒体人纷纷作为PGC介入新媒体领域。媒体人在新媒体领域创业屡屡成功，与其专业背景有着密切关系，在专业组织、技术背景、垂直领域、特定受众群体及变现潜力等方面，PGC有明显的优势。现阶段，用户对于内容的需求和要求不断提升。视频、音频、VR，越来越多的新平台需要优质内容，而这些需求无法被UGC满足，PGC的成功率显然更高一些。

基于企业新媒体战略的自媒体账号由于资源投入和人员专业背景等因素，也将具备更高的发展空间和商业价值。所谓自媒体，并不是指一个人的媒体账号，而是具有独立定位和特性的独立媒体账号。目前来看，较为成功并已获得投资的自媒体都是由团队完成的。目前，自媒体呈现出IP化、平台化、社群媒体化、资本化的发展趋势。

无论是自媒体进行内容创业，还是企业实施“新媒体+”战略，均需预先做好研判，结合自身资源，做出最有利的决策。顺势而为，终将成就自己。

☞ IP 化生存

未来，自媒体或 PGC 的 IP 化趋势将愈加显现。在商业时代，PGC 自媒体的 IP 化生存是其人格化、重度垂直、品牌化等特征的强化。具有强烈辨识度的 PGC 自媒体，往往会通过一段时间的沉淀具有明显 IP 属性。

IP 是 Intellectual Property 的简称，一个标准的 IP，有着独立人格魅力，能够凭借有温度、有态度的内容吸引用户，并形成一个拥有相同兴趣或价值观的社群。社群会激活用户的参与感，并最终转化为消费。IP 拥有的原创力可摆脱单一平台的束缚，在多个平台上获得流量。

优质的 IP 本身就构成流量入口，可以在运营中低成本获取用户，而 PGC 能够良性发展的基础是获得合理的收入。“罗辑思维”“南派三叔”等，都是自媒体 IP 化的典型代表。其中，“罗辑思维”平台已拥有超过 545 万粉丝，其电商书店出售的《必然》日销售量曾高达 5 万册。

从某种意义上来说，IP 化的自媒体已经拥有了商业化的能力，这也是 PGC 内容创业者想要实现的目标。彼得·蒂尔在《从 0 到 1》一书中指出，在细分领域成为绝对领导者之后再发展壮大才是正确的路径。尽早抢占某个细分领域，实现品牌化十分重要，比如提到星座，不少人就会想到“同道大叔”。

IP 化生存是注意力稀缺时代商业模式的必然选择，是小众需求的自然表达，也是对用户碎片化需求的最佳应对。超级 IP 是场景连接的结果。未来，所有的商业组织、机构、个人、品牌都将是 IP 化生存，否则将被湮灭。

☞ 平台化运营

平台化是内容创业的必然选择，也是企业新媒体建设的必然路径。平台化运营是指在内容积累到一定程度，当用户画像非常清晰时，试着做电商或社群运营，以达到变现。据报道，一些企业的新媒体账号的外接广告，一个月可实现几十万元，甚至几百万元收入。

PGC 自媒体若希望实现长期、稳定发展，必须展开平台化运营，逐步实现从个人到团队，从自媒体到媒体品牌或平台的发展。因为，个人或小团队运作 PGC 自媒体，持续输出优质的内容很困难，在人手有限的情况下，难以实现规模化的商业模式。

单打独斗式的 PGC，在商业模式上有很大局限。随着自媒体的发展，广告、软文在带来收益的同时，也会对品牌产生一定的影响，可能导致 PGC 自媒体的发展遭遇瓶颈。PGC 自媒体的平台化可以很好地解决这个问题。平台化的内容和运营，可以保证品牌输出的一致性与一贯性，很好地推进自媒体的 IP 化进程。平台化运营既可以维持较为稳定的内容数量，又保证 PGC 自媒体的内容质量。另外，平台化的 PGC 自媒体运作，能够容纳更多人力资源，进行更多商业模式的探索。

部分产能不高的 PGC 将逐渐被淘汰，为了获得更好的发展，平台化运作将成为一些 PGC 不可避免的选项。

☞ 从 IP 到社群媒体

社群媒体化是 PGC 自媒体 IP 化的延续和自然发展结果。

PGC 自媒体通过内容吸引和筛选用户，可以将用户沉淀后形成社群。社群成功运行后，群成员也会提供优质内容，进而持续吸引用户。这时，内容不再由一个中心产出，而是由整个社群成员共同贡献。例如，吴晓波频道、罗辑思维等自媒体都已建立起庞大的用户社群。

PGC 组织的社群可以形成更加稳固的结构，延伸出更多关系及用户连接。社群通过复制和快速扩张，不仅可提高文章的阅读量，还能使商业模式更加多元化。

PGC 组织的社群将使以 PGC 自媒体为核心的用户体系更加完善，实现从内容到粉丝，从粉丝到用户，从用户到核心用户，乃至核心用户间的天然认同和聚集。依托自媒体诞生的社群媒体解决了“为谁生产”的问题。社群可以实现自组织——用户基于这个平台，实现与其他用户的连接，在社群中自我成长，从而扩大整个社群的影响力。

与自媒体的传播方式不同，社群媒体的运作模式更加立体。基于 PGC 自媒体的社群一旦形成，依托自媒体的社群将持续推动 PGC 自媒体的内容输出。优质用户的聚集将提供更大范围的传播，更多内容的反馈。PGC 自媒体也将从社群 UGC 内容中提升和拔高，输出更加优质的内容。

这就是社群媒体的“PGC + UGC”路线：内容由社群成员共同创造产生，产生的内容经过加工整理，再以优质 PGC 内容的形式呈现。产生的内容在群成员间可形成有效的传播，而不必依赖于其他媒体平台。搜狐原来一栋楼的编辑每天能生产 5000 篇文章，而当前，搜狐有了 32 万自媒体，每天生产 8 万篇内容。优质的自媒体社群运营帮助搜狐完成了新的内容升级和平台转型。

社群媒体以“内容—用户—社群—商业变现”的路径呈现清晰的商业模式。内容是流量的入口，内容聚集用户，用户沉淀为社群，在用户中发掘价值实现商业变现。从入口到变现，很好地解决了 PGC 自媒体的生存和发展问题。

☞ 增值加速器

PGC 自媒体形成平台运营后，资本化运作是其进一步发展的增值加速器。资本化运作主要包含两个方向：一个是外部引入；另一个是内部挖掘。

外部资本引入

通过资本的注入，可获得更多的资源，用于构建平台，整合产业资源，构建商业模式，提升自己，提升壁垒等。来自资本的驱动将帮助 PGC 自媒体更好地梳理自身的商业模式。

一个大 V 自媒体年收入几十万元、几百万元可能很容易，但一旦做大，从资本、人才到市场，会面临方方面面的发展瓶颈。资本化运作可以很好地突破自媒体的发展局限，在商业模式上重新梳理和构建，快速完成产业链的整合与优化，形成规模优势，获得更高收益。

自媒体早已经获得资本的青睐和关注。例如，网易、百度、今日头条、UC 等，都在通过各种现金奖励方式支持自媒体，并提供孵化器和资本引入。创投资本也在关注内容领域。例如，吴晓波创立的“狮享家”基金投资了“餐饮老板内参”“酒业家”“灵魂有香气的女子”“十点读书”等多个自媒体项目。范卫峰创立的高樟资本，先后投资“商业人物”“新经济 100 人”等项目。

内部挖掘

通过 PGC 构建的 IP 和社群，可以涉足资本投资和创新企业孵化领域，通过高科技孵化和高成长企业投资，完善商业模式。

自媒体平台通过高成长企业的股权收益，科学、合理的退出机制，将获得不菲的收入。通过资本杠杆撬动社会资本构建企业生态圈，延伸产业链条，储备高成长项目，可以使自媒体平台获得收益。

2016 年，创业服务机构“36 氪”分拆其孵化器业务板块，并完成独立融资，估值约 10 亿元，投资机构占股不超过 30%。“36 氪”融资、孵化器与媒体 3 个业务板块功能分别为：投融资平台为初创企业解决融资需求；孵化器为早期创业者提供办公场所和行政手续的支持；媒体为创业提供最早的曝光机会。另外，钛媒体在科幻 IP、内容收费和数据行研领域也进行了新的探索。

自 2015 年起，内容创业得到普遍的认可。随着时间的推移，商业模式将更加清晰。从个体到平台，从人格化到 IP 化，从社群到社群媒体化，从平台到“资本 +”，自媒体创业成功的可能性在不断增加，竞争也愈加激烈和残酷。

当前不仅仅是 PGC 的机会，企业构建平台化的新媒体矩阵同样有升级潜力。企业乃至具备 PGC 属性的个人，都可以尝试突破，深耕经营。本书的出发点虽然是围绕企业“新媒体 +”，但个人或希望内容创业的初创团队又何尝不可以借鉴参考。

第七节　首席内容官

首席内容官是近年来国内视频网站的新职位，主要负责公司的内容策略、内容营销、内容合作、媒资库、内容监控、内容投资等事宜。

目前，业界知名的首席内容官的名单很长。马东是已知的国内首位首席内容官，他于2012年年底在爱奇艺上任，后离职。此外还有2013年4月上任优酷土豆集团的朱向阳，2014年8月上任乐视网乐视体育的刘建宏，以及2015年12月加盟阿里音乐的何炅。

曾有某知名公司在招聘首席内容官时，给出21万~50万元的年薪。他们的职责和要求倾向于媒体经验，尤其是互联网和新媒体行业的经验，需要解决在互联网和社会化媒体上的传播和与消费者的对话，掌握一定传播渠道和资源。

☞ 岗位职责与要求

下面列举首席运营官的一般岗位职责和任职要求，供参考。

岗位职责

（1）根据公司整体战略发展，制定各类平台整体内容营销策略，精准确定不同平台的内容形式和沟通方式。

（2）统筹管理内容编辑部运作，包括：日常团队管理、题材规划、审核指导、内容编排、发布上线等。

（3）负责内容合作、媒体资源合作、内容监控等相关工作，对内容投资回报率负责。

任职要求

（1）重点院校本科及以上学历，媒体、新闻等相关专业毕业。

（2）5年以上内容编辑工作经验，其中2年以上总编经验，互联网、新媒体行业经验丰富，有大型互联网经验优先。

（3）熟悉互联网和社会化媒体操作，对新平台新现象有高度的敏感性，关注社会热点和流行文化趋势，有极强的洞察力和快速应变能力。

（4）擅长通过各类内容形式与消费者进行沟通对话，有极强的文字、视频等内容掌控力。

（5）掌握一定的内容传播渠道和资源。

（6）优秀的沟通协调能力、项目推进能力及团队管理能力。

☞ 岗位历程

其实，在社会化媒体发展相对成熟的北美，很多大型企业，例如IBM、Ford、P&G等，早已设立首席内容官职位，且有明确、具体的职位要求和发展路径。在这些运作成熟的优秀品牌企业中，首席内容官担负着一个企业内容营销的重任。

2002年，美国就有了第一位首席内容官——安·汉德利（Ann Handley）。作为MarketingProfs的首席内容官，Ann在福布斯被评为最具影响力社交媒体女性。她认为培训和教育是公司最大的社会营销范畴。

在我国，2012年才出现第一位首席内容官。短短几年间，已经有越来越多企业开始关注如何在新媒体传播环境下提升自己的品牌。

☞ 首席内容官的价值

目前，大多数企业传播存在的问题在于缺乏外部视角，习惯于自说自话，不考虑受众的兴趣和感受。一些企业的管理者往往也以个人喜好来评价企业新媒体传播的效果。大批企业的微博和微信公共号上软文、“鸡汤”和产品介绍“满天飞”。

如何把传播和服务整合到一起，并为用户提供价值，是新商业环境中企业需要解决的问题。经济学教授菲利普·科特勒认为，营销战略是一套完整的客户价值创造体系，引领公司获取独特的竞争地位，其核心是保持企业持续增长，其本质是市场驱动型战略。

2017 年 3 月，可口可乐公司宣布取消设立 24 年之久的首席营销官（CMO）一职。这意味着马科斯·昆托（Marcos de Quinto）成为可口可乐历史上最后一位 CMO。之后，可口可乐将由首席增长官（Chief Growth Officer，CGO）统一领导市场营销、商业领导战略、用户服务等业务，并直接向 CEO 汇报工作。

无论是首席增长官，还是首席内容官，名称不同，权限范围有不同也有重合，但核心都是寻求企业新增长。专业人士领衔的战略驱动型职位将对企业越来越重要。

企业的粗放式发展将遭遇更多挑战。企业家个人单打独斗打天下，一头狮子率领一群绵羊征战市场的情形将一去不复返，狮群型企业、狼群型企业才能成为新的赢家。企业在各个环节的全面比拼，尤其是人才的比拼，将是竞争胶着阶段企业胜出的关键。在个人层面，长板效应显现；在企业层面，短板效应仍然会影响企业的发展结果。引入某个领域的专家和资深人士加入企业，企业内部孵化、培养具有相应能力的高管，以此提升企业整体的竞争优势，参与企业高层运营的情况将越来越普遍。企业的竞争优势将从人才提升开始。

在新的媒体环境下，为应对变化，每家企业在未来都需要一个好的首席内容官，需要在传统的营销、公关、媒介岗位之外，增加新媒体内容传播岗位，甚至可以考虑一些岗位的融合和职能扩展。时代在变化，环境在变化，职能岗位变迁也是非常正常的事情。

在新媒体领域做好传播、服务好粉丝、沟通好用户关系的企业，与一般企业的距离层次将很快拉开距离。是迎头赶上，还是“做个鸵鸟”，答案不言自明。

由于职级的关系，首席内容官会在很大程度上影响企业决策者的想法和认知，这将会促进企业在新媒体领域传播与用户服务的价值发掘。

可口可乐的首席增长官是把营销业务、用户服务、商业领导战略整合在一起的全新角色。首席增长官能否带领可口可乐创新增长，还需观察一段时间。这个职位的设定是否符合中国国情，更需要国内企业自身的尝试和检验。但无论如何，国内越来越多的首席内容官已经实实在在地帮助企业解决发展的问题。

未来几年，也许越来越多的首席内容官将成为中国企业创新发展和新媒体开拓的重要支撑。

第八节　万物皆媒

我们即将迎来万物皆媒的时代。物联网将改变人类的未来生活，它将以意想不到的方式把万物联系在一起。

IDC 预测，到 2020 年，物联网市场将达到 1.7 万亿美元。市场研究机构 Gartner 预测，到 2020 年，将有 250 亿个嵌入式和智能系统被接入网络。可以说，物联网已经处于大爆发的前夕。

☞　智媒时代将至

写稿机器人、传感器、虚拟现实硬件等智能设备将被广泛应用。智能技术必然改变甚至颠覆现有的媒体生态。

2016 年 11 月，清华大学新闻与传播学院教授、新媒体研究中心主任彭兰曾公开表示，未来的“智媒时代”会有三大特征。

第一，万物皆媒。过去，媒体是以人为主导，今天我们已经可以看到，所有的智能设备、仪器在某种意义上都有可能媒体化。

第二，人机共生。当人和智能机器在碰撞之后，会相互协作，这将带来全新的业务模式。

第三，自我进化。在深层次互动中，人对机器的驾驭能力，以及机器对人的感知能力和领悟能力会相互促进。所有这一切都会带来这样的结局：传媒业的边界正在消失，格局将被重塑。

☞ 企业属性的迁移

企业与媒体之间传播力的差距，在新媒体领域中被逐渐拉近。离开传统媒体，企业仍可以获得数以十万计粉丝的追捧，可以通过淘宝直播很快卖出数以万计的产品。一个拥有 100 万粉丝的企业账号和一个拥有 100 万粉丝的媒体账号，在传播中对粉丝的影响没有本质上的区别。

开展营销传播，传统媒体除了有品牌沉淀、先发优势之外，企业的新媒体账号与其几乎是站在同一起跑线上。一些做得好的企业官方新媒体账号，同样具有广泛的影响力和公信力。在企业也可以通过新媒体账号向网友发布行业最新资讯、研究成果、发展趋势的情况下，媒体和企业的区别仅仅是目标用户群的不同：购买企业提供的产品和服务，还是购买媒体提供的内容信息服务。在不远的未来，媒体和企业的界限将变得越来越模糊。

变化已经在不知不觉中发生。在新媒体平台上建立的企业账号逐渐演化成为新的媒介。在企业投入资金和资源，企业的新媒体账号拥有大量粉丝之后，它将成为新的传播节点，直接连接企业与用户和粉丝，乃至普通网民。企业的品牌、产品及服务，甚至企业成员，在新媒体时代都将渐趋媒介化，成为构成媒体生态的一部分。

企业的商业属性将部分发生媒体化偏移，主要表现为：企业即媒介；产品即媒介；服务即媒介。

企业即媒介，在新媒体渠道获得数以千计乃至更多粉丝的关注，实时传播信息，在线上完成企业与粉丝用户的沟通。

产品即媒介，建立满足用户需求与企业生产之间的需求通路。针对用户需求，定制化、碎片化需求的产品供给成为可能。

服务即媒介，用服务连接用户，建立信任和情感黏性。用服务连接用户，构建企业全生命周期对用户的连接，以不断完善服务，改善用户关系，发掘用户潜在需求。

谁离用户最近，谁就赢得未来。曾经，在物理空间上与用户的距离“鸿沟”，正在被新技术填平，与用户的情感沟通距离正在渐渐弥合。

☞ 一切皆有可能

万物皆媒，人机共生。在未来，人、机、环境甚至人的意识也许都将连接在一起，实体物品和虚拟世界的一切都将统一存在于一个“空间”里。传统意义上的时间和空间的概念，将因感知被“欺骗”。通信技术将为我们建立更快捷而广泛的连接，VR 带来“天涯近咫尺”场景。

团体即个体，个体即个体。人们将实现所有实体个体与个体之间“超连接”。这种去中心化、超空间的连接，任意节点间的直接连接，将带来传播的病毒式爆发和无限延伸。

企业和用户之间，在未来都是单独被连接的。未来很多产品在生产之前，企业就知道它的用户是谁。甚至，对企业忠诚度高的粉丝，将在人生几十年中不断地消费符合其年龄、性别、身份、喜好等需求的产品。个人定制也将成为企业服务的主流。

自媒体将成为新媒体时代最佳的数字化传播方式。无论政府、企业、媒体、个人拥有的账号，都仅仅是新媒体空间中传播和接收的节点之一。未来，甚至能够产出信息的物品也将成为新的节点，并加入到这个全新的空间中，如无人机摄像头实时直播的影像，设置在珠穆朗玛峰顶检测数据的传感器，家中冰箱提供的物品信息等。

在新媒体时代，IP 化将是企业的重要战略。在已具备一定影响力的新媒体账号，将升级成为更具价值的 IP。企业 IP 将构建全新的内容体系去承接和发展，最终解决企业关于未来的问题。

新媒体时代，把握趋势，发掘红利，正确开启“新媒体 +”之旅，是所有企业面临的机遇，并非万达、华为、杜蕾斯等这样的大企业所独享。一切皆有可能的新媒体领域，企业规模并不是决定成败的根本原因。

智能手机的发展已经基本到达阶段性顶点，全新的、满足个人信息获取、社交、生活需求的智能设备仍在萌芽之中。未来已来！企业最需要的唯有想象力。